W0316405

ERNST OBERMAIER

Wer mordet schon im Schwarzwald?

KRIMINELLER FREIZEITPLANER Kriminelle Machenschaften im schönen Schwarzwald und auch die Triberger Wasserfälle bleiben nicht verschont? Spannende Kriminalfälle gibt es hier zu lösen wie etwa den Mord mit einer Überdosis Viagra in Schnapspralinen, eine Brandserie auf einsamen Schwarzwaldhöfen, eine Schwarzwälder Kirschtorte als Dopingmittel, die Morde wegen einer futuristischen Kuckucksuhr oder die kriminellen Machenschaften in der Schwarzalb-Klinik. Dabei lernt nicht nur der Leser den Schwarzwald und seine Bewohner kennen und lieben, sondern auch der Kommissar verliebt sich – aber nicht nur in die Region.

Ernst Obermaier leitete über acht Jahre das Kultur- und Verkehrsamt der Stadt St. Georgen im Schwarzwald. Sein beruflicher Werdegang setzte sich als Marketingleiter der Volksbank Überlingen, Leiter von Unternehmerseminaren und freier Dozent für Tourismus-Marketing an der Berufsakademie Ravensburg fort. Nach dem Eintritt in seinen »Unruhestand« schrieb er kriminelle Freizeitplaner und schuf damit ein neues Genre des Kriminalromans.

Bisherige Veröffentlichungen im Gmeiner-Verlag:
Wer mordet schon am Bodensee? (2013)

ERNST OBERMAIER

Wer mordet schon im Schwarzwald?

12 Krimis und 120 Freizeittipps

Original
GMEINER

Besuchen Sie uns im Internet:
www.gmeiner-verlag.de

Im Ehnried 5, 88605 Meßkirch
Telefon 0 75 75/20 95-0
info@gmeiner-verlag.de

1 Auflage 2014

Lektorat: Claudia Senghaas, Kirchardt
Herstellung: Mirjam Hecht
Umschlaggestaltung: U.O.R.G. Lutz Eberle, Stuttgart
unter Verwendung eines Fotos von: © PRILL Mediendesign – Fotolia.com und © Lucky Dragon – Fotolia.com
Druck: GGP Media GmbH, Pößneck
Printed in Germany
ISBN 978-3-8392-1506-7

Personen und Handlung sind frei erfunden.
Ähnlichkeiten mit lebenden oder toten Personen
sind rein zufällig und nicht beabsichtigt.

Da Freizeiteinrichtungen einem ständigen Wandel
unterliegen und Irrtümer vorbehalten sind,
besteht keine Gewähr für die Richtigkeit der Angaben.

AM GALGEN

Es ging ihm nicht gut, es ging ihm sogar überhaupt nicht gut, Danilo Kötter hatte mit wahnsinnigen Kopfschmerzen zu kämpfen. Die Ursache dieses unangenehmen Leidens war ihm allerdings bestens bekannt, denn der gestrige Abend mit reichlichem Alkoholkonsum und einigen ebenso trinkfesten Freunden in seinem Stammlokal hatte allzu deutlich seine Spuren hinterlassen. Natürlich hatte dieses außerplanmäßige Besäufnis einen äußerst gewichtigen Grund, denn Danilo hatte den Verlust seiner nunmehr nicht mehr aktuellen Lebensabschnittspartnerin zu beklagen, welchen er zwar sehr bedauerte, aber seiner Meinung nach doch in kurzer Zeit verschmerzen würde. Trotzdem saß der Schock diesmal tief, denn dass eine Frau einen so perfekten Mann wie ihn verlassen würde, sei ein Ding der Unmöglichkeit, zumal er ›seine Sabine‹ doch abgöttisch liebte. Dies bestätigten auch erwartungsgemäß die trinkfesten Freunde am Tresen, denen als Dank für jede moralische Unterstützung ein Glas frisch gezapftes Freibier spendiert wurde. Wie Danilo den kurzen Nachhauseweg bewältigte und wie er verletzungsfrei in sein Bett im ersten Stock des kleinen Häuschens gelangte, entzog sich seinem Erinnerungsvermögen. Vor allem blieb ihm schleierhaft, wie er an der Wohnung seiner Mutter, die das Erdgeschoss alleine bewohnte, vorbeigekommen war, ohne von ihr gesehen und gehört zu werden. Dies grenzte fast schon an ein Wunder. Höchstwahrscheinlich war es die späte oder besser gesagt die frühe Stunde, die verhindert hatte, dass der ›mütterliche Wachhund‹ von dem ausschweifenden Gelage des Sohnes etwas mitbekommen hatte. Würde Danilo Kötter für die Zeit von abends 22 Uhr bis 3 Uhr morgens ein hieb- und stichfestes Alibi benötigen, hätte er mit Sicherheit große Probleme bekommen, die Polizei davon zu überzeugen, dass er nicht der Täter sein könne. Schon aus dem Grund, da er ja schließlich selbst die Polizei verkörpert, denn ein junger Kommissar muss bekanntlich über jeden Zweifel erhaben sein.

So lag er nun auf seinem Bett und grübelte, so gut es sein Geisteszustand schon zuließ, vor sich hin. Eigentlich war seine Lage mehr als bescheuert, denn Sabine hatte ihn, ohne irgendeine Szene zu machen, nahezu stillschweigend verlassen und lediglich in einem kleinen Briefchen, das in aufreizender Weise nach ihrem Parfüm roch, mitgeteilt, dass sie die Verbindung beenden möchte, weil sie es endlich leid sei, nur die Lückenbüßerin zu sein, wenn es ›ihrem‹ Danilo gerade in den Kram passte. Nun hasste er seine ehemalige Lebensabschnittsgefährtin mindestens genauso wie er seinen Vornamen Danilo hasste. Seine Mutter war eine eingeschworene Opern- und Operettenfreundin und so bekam er nach dem Grafen Danilo aus der Lustigen Witwe von Franz Lehar seinen etwas gewöhnungsbedürftigen Vornamen. In der Schule riefen sie ihn deshalb immer Lilo. Lieber wäre ihm damals Nico oder Ronny gewesen, doch wer ist schon mit seinem Vornamen zufrieden. Das nahm er seiner Mutter noch immer übel, aber solange er die Vorzüge des ›Hotel-Mama‹ in vollen Zügen auskostete, musste er es sich wohl oder übel gefallen lassen, bemuttert und natürlich auch überwacht zu werden.

»Danilo, das Frühstück ist fertig«, ertönte die Stimme der Mutter aus dem Erdgeschoss und so sollte sich der Schwerkranke trotz seines dicken Kopfes wohl oder übel aufraffen, dem Weckruf Folge zu leisten.

»Ich komme gleich, gehe aber noch schnell ins Bad,« brüllte er die Treppe hinunter.

Unter der kalten Dusche begann sein Verstand langsam wieder zu arbeiten. Und als er sich hüllenlos im Spiegel betrachtete, dachte er: »Eigentlich bin ich doch ein ansehnlicher 85-Kilo-Mann und kann nicht verstehen, warum mich Sabine trotz der vielen Vorteile verlassen hat. Andere Frauen hätten bestimmt ihre Freude an solch einem kurzhaarigen blonden Hünen wie mir, mit einer stattlichen Größe von 1,85 m, selbst wenn ein kleines Bäuchlein meine Figur ziert. Ich muss nun endlich mit meinen 35 Jahren mein Leben ändern. Weg von Mama, weg von meinen Saufkumpanen, weg aus meiner Geburtsstadt Potsdam, weg aus meinem geliebten Havelland mit den vielen Seen und den Kiefernwäldern.«

Als er verspätet bei seiner Arbeitsstätte im Kommissariat von Potsdam eintraf, begrüßte ihn sein Chef mit den Worten: »Herr Kötter, heute sehen Sie aber wieder zerknittert aus.«

Zum Glück erinnerte er sich an den Spruch, den er auf einer Postkarte gelesen hatte: »Nur wer zerknittert aufsteht, kann sich tagsüber entfalten. Chef, ich muss mit Ihnen reden. Ich will mein Leben ändern und weg von hier.«

Hauptkommissar Krüger konnte Kötter zwar gut leiden, doch aufgrund der in letzter Zeit vermehrten Alkoholexzesse seines Mitarbeiters konnte er sich schnell mit dem Gedanken an eine Versetzung Danilos anfreunden.

»Erst gestern las ich in der Zeitung, dass Baden-Württemberg seine Polizeipräsenz erhöhen will. Wenn Sie wollen, so schreibe ich Ihnen eine sehr gute Beurteilung für Ihre Bewerbung.«

Kommissar Kötter war einverstanden, zumal hinterher in der Beurteilung eher stand, wie er sein sollte, als wie er war.

Nach einigen Wochen kam bereits Post vom Innenministerium aus Stuttgart. Zwei Stellen bot man ihm zur Auswahl an, eine im württembergischen Allgäu und eine im Schwarzwald, in Triberg [1], mit der Aufforderung, er solle sich bei der jeweils zuständigen Landespolizeidirektion bewerben. Da er schon über viele Morde im Allgäu gelesen hatte, entschloss er sich für das seiner Meinung nach ruhigere Triberg, zumal er dort vor Jahren mit der noch intakten Familie einen wunderschönen Wanderurlaub verbracht hatte. Inzwischen zog es sein Vater, der für einen großen Berliner Konzern als Monteur in Brasilien arbeitete, vor, dauerhaft sein Leben mit einer brasilianischen Schönheit in Rio zu verbringen. Die Zusage der Landespolizeidirektion Freiburg für das Kommissariat in Triberg kam prompt.

Der Abschied gestaltete sich tränenreich, zumindest von Seiten der Mutter. Auf der Autobahn über Leipzig – Nürnberg – Stuttgart – Richtung Singen bis zur Ausfahrt Villingen-Schwenningen ging es schnell voran. Von da fuhr er an Villingen vorbei und auf der B33 bis Triberg. Als Aufzeichnung für seine Umzugskosten notierte er exakt 735 Kilometer. Schon um 17 Uhr fuhr Kötter in das Parkhaus von Triberg ein. Hier gab es gleich eine Überraschung: ein Männerparkplatz! Von so etwas hatte er noch nie gehört. Gekonnt parkte er auf dem schwierig einzuparkenden Platz ein, den der findige Bürgermeister von Triberg als Werbegag für die Stadt als Männerparkplatz ausschildern ließ. Die Übergabe der kleinen Dienstwohnung war für 18.00 Uhr und die des Kommissariats für den nächsten Tag mit dem in den Ruhestand gehenden Amtsinhaber vereinbart. Vom Parkhaus ging er zu Fuß in die nahe gelegene Dienstwohnung, in der ihn Hauptkommissar Erwin Griesbacher erwartete. Anstatt einer freundlichen Begrüßung polterte dieser sofort los:

»Ich verstehe nicht, warum bei meiner Pensionierung dieses Ein-Mann-Kommissariat ohne Schreibkraft von Triberg an der Nordrandlage des Schwarzwald-Baar-Kreises nicht geschlossen wird. Die wenigen Fälle von Diebstahl, Zechprellerei und kleineren Tätlichkeiten könnten auch der Polizeiposten Triberg oder bei größeren Fällen die Kriminalpolizei von Villingen-Schwenningen erledigen. Aber bei Einsparungen von öffentlichen Ämtern tun sich Politiker und Beamte sehr schwer. Innerhalb der vergangenen Jahren kam es hier nur zu einigen Brandfällen bei allein stehenden Bauernhäusern, bei denen eine Brandstiftung zwar vermutet, aber nicht nachgewiesen konnte. Vor einigen Wochen hatten wir einen Fall: ein Mann stürzte betrunken nachts in den Triberger Wasserfall [2]. Man fand ihn am anderen Morgen, weil seine Taschenlampe noch leuchtete. Vermutlich benutzte er den Wasserfallweg als Abkürzung hoch zum Bergsee [3], da er in dieser Gegend wohnte. Die Untersuchung des Toten ergab einen Promillewert von 2,2. Zuvor hatte er mit seinen Arbeitskollegen die bestandene Meisterprüfung von Georg Abele in einer Triberger Wirtschaft gefeiert. Ich habe die Bedienung vernommen und diese behauptete, sie sei sich sicher, der Mann habe nur zwei Glas Tannenzäpfle von der Brauerei Rothaus [4] und ein Viertel Spätburgunder von einem Winzer aus Gengenbach [5] getrunken. An was sie sich noch erinnern konnte, der Mann musste oft auf die Toilette. Die Vernehmung der Arbeitskollegen, die alle in einem Sägewerk arbeiten, und die der Ehefrau habe ich Ihnen aufgehoben, damit Sie am Anfang wenigstens etwas zu tun bekommen.«

Anschließend zeigte er ihm noch die leere Dienstwohnung, in der nur noch ein altes Sofa stand, das er für seine erste Übernachtung nutzen konnte.

Nach der Übergabe des Ein-Mann-Kommissariats am nächsten Tag kümmerte sich Danilo Kötter zuerst um seine Wohnungseinrichtung. Die leistungsfähigen Geschäfte in der Region hatten genügend Mitnahmemöbel und er entschied sich für die billigeren Kiefernmöbel, da Kiefernholz für ihn auch eine Verbindung zu seiner brandenburgischen Heimat herstellte. Bei seiner Einrichtung fehlte nur noch ein kleines Regal für seine Mineraliensammlung, das wegen der Dachschräge eine Sonderanfertigung erforderte. Aber das hatte noch Zeit, da seine Sammelstücke noch bei Mutter Kötter in Potsdam lagen. Für den folgenden Tag vereinbarte er telefonisch eine Vernehmung im Sägewerk mit den Beteiligten an der offensichtlich feuchtfröhlichen Meisterfeier.

Als er mit seinem Auto am nächsten Tag auf das Gelände des Sägewerks einbog, zog er genüsslich den ihm entgegen strömenden Holzduft ein. Holzgeruch, das erinnerte ihn, wie er noch als Junge mit seinem Vater durch die brandenburgischen Wälder streifte. Aus der Werkhalle dröhnten die Geräusche der großen Säge. Bei seinem Eintreten wurde die Maschine, nachdem ein Baum fertig in Brettern zerteilt war, abgestellt und die fünf Männer nahmen auf einem Holzstapel Platz und zeigten sich bereit für eine Befragung. Zuerst wollte der Kommissar Näheres über den Ablauf der Feier wissen.

»Herr Kommissar, wir fünf und Richard Epple, der Tote, sind alle in der Zimmermannsgilde von Schönwald [6], die am Fastnachtsdonnerstag den Narrenbaum aufstellt. Auch außerhalb der Fastnacht feiern wir zusammen, in diesem Fall war es die Meisterprüfung für das Schreinerhandwerk von Georg Abele. Das ist dieser Mann hier. Nach der Feier trennten wir uns und Richard benutzte wie immer die Abkürzung über den Wasserfall. Er trank normalerweise nicht viel, doch an diesem Tag wankte er ein wenig. Aber nicht so, dass ihn einer von uns heimbegleiten musste. Am Unglückstag regnete es. Vermutlich ist er ausgerutscht und in den Wasserfall gefallen.«

»Laut Protokoll fiel der Bedienung auf, dass er, immer wenn sie ihm ein Getränk brachte, auf der Toilette war.«

»Das ist richtig, denn Richard plagte an diesem Abend Durchfall. Deshalb empfahlen wir ihm, von Bier auf Rotwein umzusteigen, da dieser magenfreundlicher ist.«

»Und ist es richtig, er hat nur zwei Bier und einen Rotwein getrunken?«

»Ja, das können wir bestätigen.«

Auf die Frage, warum er dann so betrunken war, wussten die fünf Männer auch keine Antwort. Irgendwie hatte er das Gefühl, diese Zimmerleute wussten mehr als sie sagten. Doch für einen Kriminalbeamten war dies bei Verhören nichts Ungewöhnliches.

»Kennen Sie die Ehefrau des Toten?«

»Klar, Dagmar Epple kennen wir sehr gut. Eine lebenslustige Person. Angesprochen auf ihr italienisches Aussehen behauptet sie immer, eine ihrer weiblichen Vorfahren hätte sicher eine intime Beziehung zu einem italienischen Bauarbeiter gehabt, die nach den Plänen von Robert Gerwig die Schwarzwaldbahn [7] erbauten. Ein temperamentvolles Weib. Bei den jährlichen Ausflügen unserer Zimmermannsgilde, die wir immer zusammen mit den Ehefrauen oder derzeitigen Lebensgefährtinnen unternehmen, tanzte sie beim letzten Ausflug nach Mallorca sogar auf dem Tisch.«

»Dieses verrückte Huhn müssten Sie mal erleben«, sagte Georg Abele, der sich mehr und mehr als Sprecher der Gruppe gab.

»Beim Ausflug nach Mallorca übte sie mit mir als ihrem Tanzpartner bei Amateurturnieren am Strand Dirty Dancing. Sie sprang auf mich zu und ich musste sie mit beiden Händen waagrecht über meinen Kopf halten. Als es endlich gelang, johlte und applaudierte nicht nur unsere Reisegruppe.«

»Da bin ich aber neugierig, denn Frau Epple muss ich auch noch vernehmen. Vorerst danke für das Gespräch.«

Genüsslich rauchte Dagmar Epple eine Zigarette und betrachtete die zugezogenen Vorhänge, während der Mann neben ihr im Bett noch schlief. Die Vorhänge gingen inzwischen als antiquarisch durch und hatten schon mindestens zwei Menschengenerationen hinter sich. Die gesamte altertümliche Einrichtung passte zu dem Junggesellen Paul. »Du bist nun der zweite aus der Gilde«, dachte sie. Gleich nach der Beerdigung ihres Mannes hatte sie einen Schwur geleistet. Seit sie ihn kannte, hatte ihr Mann noch nie über den Durst getrunken. Mit Sicherheit steckten da seine Zimmermannskollegen dahinter. Aber sie würde der Sache auf den Grund gehen. Sie war mit allen diesen Kollegen, die den harten Kern der Gilde bildeten, mehr oder weniger befreundet und sie war entschlossen, nichts unversucht zu lassen, um herauszubekommen, was an diesem Abend, als ihr Mann in den Wasserfall stürzte oder gestürzt wurde, wirklich geschehen ist. Doch Paul, der neben ihr lag, schwieg über diese Angelegenheit.

Leichtes Spiel hatte sie mit dem Zimmermann Ulrich. Der war einem Abenteuer nicht abgeneigt und nahm ihre Einladung zu einer Nachtwanderung auf dem neuen Schwarzwaldbahn-Erlebnispfad 8 gerne an. Auf der Aussichtskanzel hoch über dem Tal, von der aus man bei Tag viermal Teilstrecken der Schwarzwaldbahn sieht, verführte sie ihn. Anschließend beobachteten beide einen hell erleuchteten Zug, wie er im Tunnel verschwand und die Lichter nach geraumer Zeit wieder auftauchten. Es sah aus wie eine Spielzeugeisenbahn. Doch auch Ulrich blieb bei Fragen nach dem Ablauf der Fete und wie es dazu kam, dass ihr Mann betrunken war, stumm wie ein Fisch.

Übermorgen hatte sie eine Verabredung mit Christian in der Brigachmühle. Er sollte dort etwas reparieren und bekam deshalb den Schlüssel. Da Christian ein extrovertierter und großmauliger Typ war, versprach sie sich von ihm mehr Informationen als von diesem verklemmten Paul oder dem schweigsamen Ulrich. Endlich kam sie in diese Brigachmühle nahe der Brigachquelle 9 bei St. Georgen, die man sonst nur wochenweise mieten kann. Und hier ging es dann besonders heftig zur Sache. Diese Mühle, die in den 1970er Jahren ein Journalist, der Bahnhofsvorsteher und der Verkehrsamtsleiter für den Fremdenverkehrsverein mit Spenden des örtlichen Handels und der Industrie als Ferienhaus ausgebaut hatten, wird vom Verkehrsverein St. Georgen vermietet. Dieses von außen eher unansehnlich anmutende Bauwerk hatte es ihr angetan, denn innen entfaltete die liebevoll gestaltete Mühle ihren eigenartigen Charme. Die Durchsicht hinter Glas auf das Mahlwerk dieser Doppelmühle und die mit dem Mühlstein drehbare Tischplatte gefielen ihr neben der urigen Einrichtung besonders gut. Und wie ›die Brigach und die Breg die Donau zu Weg bringen‹, brachte auch Christian in dieser Mühle einiges ›zum Strömen‹. Auf die ominöse Meisterfeier mit Todesfolge angesprochen, gestand ihr Christian, dass Georg aus Spaß dem Richard, immer wenn dieser auf der Toilette war, Schwarzwälder Kirschwasser in die Getränke geschüttet hatte. Georg, in bester Laune wegen seiner bestandenen Meisterprüfung, hatte eine Halbliterflasche in der Hosentasche und diese leerte er im Lauf des Abends in die Getränke von Richard. Alle fanden dies lustig, da sich Richard als Einziger der Clique immer mit dem Trinken zurückgehalten hatte. Man konnte ja nicht ahnen, wie sich dieser Spaß dann in der Nacht auswirkte. Gleichzeitig nahm er ihr das Versprechen ab, ja nicht von dieser Information Gebrauch zu machen.

»Es ist halt passiert und wie ich heute erlebt habe, hast du deinen Spaß auch ohne deinen Mann.«

Endlich hatte sie die gesuchte Information.

Kommissar Kötter verbrachte das erste Wochenende seiner Triberger Amtszeit in Potsdam, um seine letzten Umzugsgüter zu holen. Seine Mutter machte ihm viele Vorwürfe. Sie sei nun ganz allein im Haus und er so weit weg. Dennoch überließ sie ihm einen Teil ihres Hausrates und packte ihm für die Rückfahrt Verpflegung ein. Kaum war er am Montag wieder in seinem Büro in Triberg, kam die Meldung, ein Mann sei vom Stöcklewaldturm 10 gestürzt. Warum auch immer, ob aus Liebeskummer oder eventuell weil der FC Freiburg fünfmal hintereinander verloren hatte, ihm konnte es eigentlich egal sein, wenn nicht die Arbeit wäre. Für ihn bedeutete dies, vor allem eine Verzögerung bei der endgültigen Einrichtung seiner Wohnung. Wenigstens, so dachte er, hatte sich dieser nicht vor einen Zug geworfen und den Tagesablauf vieler Menschen gestört. Dabei war es mehr als ärgerlich, seit Jahren gab es keine Unfälle mit Todesfolge in Triberg und nun innerhalb eines Monats schon die zweite Leiche. Auf der Karte sah er, dass der Stöcklewaldturm nur wenige Kilometer oberhalb von Triberg liegt. Am Aussichtsturm erwartete ihn bereits eine junge Frau, die gesehen hat, wie der Mann sich von dem 25 Meter hohen Turm stürzte. Sie kenne den Toten, es sei Georg Abele vom Sägewerk, ein ehemaliger Freund und Kollege ihres verstorbenen Mannes.

»Dann sind sie vermutlich Dagmar Epple?«

»Ich habe Sie noch nie gesehen, aber woher kennen Sie meinen Namen?«

»Ich untersuche den Todesfall Ihres Mannes und wollte Sie deshalb in den nächsten Tagen aufsuchen.«

»Das können Sie sich nun sparen.«

»Über Ihren Mann müssen wir noch sprechen, aber nun zu dem Toten. Bitte schildern Sie, was sie gesehen haben.«

»Ich wollte Georg in der Schreinerei seines Schwiegervaters sprechen. Dieser sagte mir, Georg sei im Auftrag des Verschönerungsvereines im Gebiet Stöcklewaldturm – Galgen [11] – Hirzwald damit beschäftigt, Ruhebänke für Wanderer aufzustellen. Tatsächlich traf ich ihn gerade bei einer Vesperpause am Stöcklewaldturm. Da ich früher mit meinem Mann mindestens einmal im Jahr die etwa zwölf Kilometer weite Wanderung von St. Georgen nach Triberg [12] unternommen hatte und oft mit ihm auf den Turm gestiegen war, bat ich Georg, mich zu begleiten. Er schien mir etwas depressiv zu sein und während ich die schöne Aussicht genoss, sprang er plötzlich ohne Vorwarnung über die Brüstung. Ich stürzte die Treppe hinunter und soweit ich das feststellen konnte, gab er kein Lebenszeichen mehr von sich. Sofort lief ich in das Lokal und verständigte die Polizei.«

»Das war richtig! Benötigen Sie den Beistand eines Psychiaters?«

»Nein, es geht schon.«

»Und wegen Ihres Mannes melde ich mich demnächst.«

Die Todesnachricht von Georg löste in der Schreinerei Abele bei der Ehefrau, beim Schwiegervater und beim Bruder Entsetzen aus. Sollte doch Georg ab 1. Januar die Schreinerei übernehmen. Vor einem halben Jahr war die Frau des Schreinermeisters gestorben und nun wollte der alte Herr den Betrieb übergeben. Erst vor wenigen Wochen hatte Georg die Meisterprüfung mit Erfolg abgelegt. Die Behauptung von Dagmar Epple,

Georg hätte einen depressiven Eindruck gemacht, konnte keiner der drei nachvollziehen. Georg sei am Vorabend bester Dinge gewesen, da ihm seine Frau ihren positiven Schwangerschaftstest gezeigt hatte. Seit Jahren wünschten sie sich Kinder. Nun war auch die Schreinerstochter Claudia ebenfalls wie Dagmar Witwe. Sie nahm sich fest vor, ein Gespräch unter vier Augen von Witwe zu Witwe zu suchen, um Näheres von diesem ›Unfall‹ zu hören. Jetzt befragte sie auch noch der neue Kommissar über die Verhaltensweisen ihres Mannes in den letzten Wochen. Auch, ob eventuell ein Abschiedsbrief gefunden wurde, was sie aber mit gutem Gewissen verneinen konnte.

»Einen Selbstmord meines Mannes schließe ich definitiv aus. Dazu bestand überhaupt kein Grund. Belästigen Sie uns nicht mit Ihren Fragen über meinen Mann, sondern finden Sie heraus, was auf dem Stöcklewaldturm wirklich geschah. Und noch was, lassen Sie uns in Ruhe trauern.«

Nachdem er die Vernehmungs-Protokolle getippt hatte, konnte sich Kommissar Kötter endlich wieder der Einrichtung seiner Wohnung widmen. Als er alles eingeräumt hatte, blieb nur noch die Mineraliensammlung übrig. Er hatte es sich angewöhnt, aus jedem Urlaub Steine mitzunehmen, je nach Gelegenheit gekauft oder selbst gesammelt. Einiges hatte sich angesammelt und er fühlte sich ›steinreich‹. Sein bestes Stück bestand aus einer riesigen Amethyst-Druse, die ihm sein Vater aus Brasilien mitgebracht hatte. Für die Sammlung brauchte er noch ein stabiles Regal, das genau in die Dachschräge passte. Da er morgen wegen des Todessturzes vom Stöcklewaldturm wieder zur Vernehmung ins Sägewerk musste, fertigte er eine Skizze mit den genauen Maßen der benötigten Balken und Bretter an. Anschließend kaufte er noch Lebensmittel ein, wobei er von den Einheimischen sofort als neuer Kommissar erkannt wurde. An diesem Tag erschien im Schwarzwälder Bote ein ausführlicher Bericht mit Bild über ihn. Daraus ergab sich das eine oder andere Gespräch.

Wieder fuhr er zum Sägewerk. Anstatt der bisherigen fünf saßen ihm jetzt nur noch vier Männer gegenüber. Kommissar Kötter entschied sich heute für die harte Vernehmungsvariante:

»Also, Sie haben nun innerhalb von vier Wochen zwei Ihrer Kollegen verloren. Das kann kein Zufall sein. Nun sagen Sie endlich die Wahrheit, warum war Ihr Kollege Richard Epple bei der Meisterfeier so betrunken.«

Die Männer zuckten nur mit den Schultern.

»Und Georg, hatte der mit Dagmar Epple, der Frau von Richard, ein Verhältnis?«

»Auf keinen Fall! Die tanzten nur zusammen bei regionalen Amateur-Tanzturnieren.«

»Bedrückte ihn in den Tagen vor seinem Sturz vom Turm irgendetwas?«

»Nein, wir hatten wie immer den Eindruck eines lustigen Kollegen, der für uns leider bald demnächst die Schreinerei seines Schwiegervaters übernehmen wollte.«

»Ist Ihnen sonst noch etwas aufgefallen?«

»Nein!«

Doch nun holte der Kommissar zu einem Schlag aus:

»Drei von Ihnen wurden gesehen, der eine kam des Nachts mit Dagmar Epple aus seinem Haus und sie küssten sich zum Abschied. Der andere von Ihnen kam mitten in der Nacht eng umschlungen vom Schwarzwaldbahn-Erlebnispfad zurück. Und den dritten hier beobachtete man, wie er mit dieser Frau in die Brigachmühle ging. Sie wissen, in so einer kleinen Stadt bleibt nichts unbemerkt und das Gerücht, wie eine Frau so kurz nach dem Tod ihres Mannes eine Liebschaft nach der anderen haben kann, macht natürlich in der Provinz schnell die Runde. Sie gestatten schon, dass auch ich mir Gedanken darüber mache.«

»Das sind private Angelegenheiten, und das geht Sie rein gar nichts an.«

»Sie können versichert sein, ich bringe die Wahrheit noch ans Licht.«

Solange dieses Verhör auch dauerte, immer mehr wurde dem Kommissar bewusst, diese verstockten Schwarzwälder konnte er nicht aus der Reserve locken. Schließlich gab der Kommissar auf.

»Apropos privat, ich bräuchte noch ein Regal für meine Mineraliensammlung. Hier ist die Skizze und die Maße der benötigten Balken und Bretter.«

»Und welches Holz soll es sein?«

»Kiefer, passend zu meinen Möbeln.«

»Damit können wir nicht dienen. Wir verarbeiten hier nur Tanne und Fichte. Vielleicht sollten Sie in der Schreinerei Abele fragen. Da gibt es sicher Kiefernholz.«

»Okay, mache ich!«

Kaum befand sich das Auto des Kommissars außer Sichtweite, brach ein gewaltiger Streit unter den Kollegen aus. Keiner der Betroffenen konnte es fassen, dass Dagmar ihre Liebe auf mindesten drei der vier Männer verteilte. Mit Mühe schlichtete der vierte den Streit, der inzwischen zu einer handfesten Prügelei unter den betroffenen Männern ausgeartet war.

»Diese Schlampe«, murmelte einer von ihnen, bevor er wütend seine Tasche packte und verschwand.

Die Beerdigung von Georg Abele fand um 14 Uhr auf dem Friedhof von Triberg statt. War es Sensationslust oder Anteilnahme? Der Friedhof fasste kaum die Anzahl der Trauernden. Auch Kommissar Danilo Kötter fand sich ein, denn manchmal konnte ein geschulter Kriminalbeamter aus den Reaktionen der Betroffenen Schlüsse ziehen. Dies schien bei dieser Beerdigung aufgrund der Menschenmenge nicht möglich, denn Kötter bekam nur in den hinteren Reihen, weit weg vom Grab, einen Platz. Die Ansprache des Pfarrers wurde durch eine kleine Lautsprecheranlage verstärkt. Für Kötter aus dem evangelischen Land Brandenburg war dies die erste katholische Beisetzung und so entsetzte es ihn, dass der Pfarrer zum Schluss für den Nächsten, der unter den Anwesenden sterben werde, betete. Verstohlen blickte sich Kötter um, wer dies sein könnte. Nach der Beerdigung ging es für die Eingeladenen in ein nahe gelegenes Café zum in dieser Gegend üblichen Kaffee mit Hefezopf. Kötter war nicht eingeladen und nahm die Gelegenheit wahr, an seinen Schreibtisch zurückzukehren. Im Café nahmen der Schwiegervater Abele mit seiner Tochter Claudia und dem Bruder Platz. Daneben saß die nähere Verwandtschaft und die ehemaligen Kollegen des Toten sowie, soweit verheiratet, auch deren Ehefrauen. Darunter auch Dagmar Epple. Als sich die Kaffeegesellschaft auflöste, sprach die trauernde Claudia ihre Freundin Dagmar an.

»Wir sind nun beide Witwen. Würdest du mich kurz in die Schreinerei begleiten. Ich möchte nicht allein hingehen, doch ich benötige noch ein paar Unterlagen für den Makler. Mein Vater möchte den Betrieb nicht mehr weiterführen und mein Mann ist tot. Und da du als Letzte mit meinen Mann zusammen warst, hätte ich gerne von dir Näheres über seine letzten Minuten auf dem Stöcklewaldturm erfahren.«

»Ja, darüber wollte ich auch mit dir sprechen.«

Unterwegs wollte sich Claudia bei Dagmar einhängen, doch diese verweigerte sich. In der Schreinerei angekommen, sperrte Claudia die Tür auf, an der das Schild ›Wegen Todesfall geschlossen‹ hing. Die abdeckten Maschinen und die halbfertigen Möbel passten zu der gedrückten Stimmung der beiden Frauen.

»Sag mal Claudia, wie geht es mit der Schreinerei weiter?«

»Vater hat keine Lust mehr. Er fertigt nur noch die laufenden Aufträge ab und dann ist Schluss.«

»Kann dein Bruder den Betrieb nicht weiter führen?«

»Nein, der ist kein Schreiner sondern Energieberater. Er hilft nur manchmal aus. Aber du wolltest doch mit mir sprechen?«

»Eigentlich halte ich den Beerdigungstag für ungeeignet, aber da sich gerade die Gelegenheit ergibt, sage ich es dir ins Gesicht, dein Mann ist der Mörder meines Mannes.«

»Was bildest du dir ein! Der bringt doch seinen besten Freund nicht um!«

»Ein schöner Freund, der meinem Mann Schnaps in die Getränke schüttet und den Betrunkenen nicht heimbegleitet.«

»Entschuldigung, davon wusste ich nichts. Das hat er mit Sicherheit nicht so gewollt. Wir hatten doch eine gute Freundschaft? Du als Tanzpartnerin meines Mannes, was dein Mann immer so großzügig tolerierte. Jetzt macht in der Stadt das Gerücht die Runde, du treibst es mit allen seinen Kollegen. Wahrscheinlich auch mit meinem Mann auf dem Stöcklewaldturm.«

Nun steigerte sich Dagmar in eine unglaubliche Wut hinein.

»Du weißt anscheinend überhaupt nichts, deshalb sage ich dir jetzt unter vier Augen: Ich habe mich an die Männer herangeschmissen, um die Wahrheit zu erfahren. Dadurch weiß ich, dass dein Mann der Täter ist. Und wenn du die Situation auf dem Stöcklewaldturm ansprichst, ja, ich flehte ihn an, zum Andenken an meinen Mann auf den Turm zu gehen. Oben angekommen, wollte er sofort wieder umkehren, weil an diesem Tag keine gute Sicht war. Ich sagte ihm: Wenn wir schon einmal alleine hier oben sind, lass uns doch die freie

Fläche für eine kleine Probe für unser neues Showprogramm nutzen. Als wir zu der Nummer ›Dirty Dancing‹ kamen, schlug ich ihm vor, versuchsweise die Positionen zu wechseln. Er lachte mich aus. Ich wäre als Heber der Figur viel zu schwach. Lass es uns doch einfach versuchen, entgegnete ich ihm. Verhalten nahm er einen Anlauf. Ich ging einige Schritte zurück an den Turmrand und als er vorsichtig absprang, stemmte ich beide Hände an seine Hüften und nutzte den Schwung von ihm, ihn über mich hinweg kopfüber über die Brüstung zu werfen. Schnell lief ich die Treppe hinunter, um mich dann zu vergewissern, ob er auch wirklich tot war. Nachdem ich kein Lebenszeichen bei ihm feststellen konnte, rief ich die Polizei, der ich dann die Selbstmordtheorie auftischte. Endlich hatte ich meine Rache.«

»Du Biest! Jetzt kommt mein Kind ohne Vater zur Welt und mein Vater hat keinen Nachfolger für unseren über Generationen bestehenden Handwerksbetrieb. Dafür sollst du jetzt büßen!«

Außer sich vor Zorn stürzte sich Claudia auf Dagmar.

Kommissar Kötter saß in seinem Büro. Gestern hatte er an der Beerdigung teilgenommen und anschließend noch die restlichen Protokolle angefertigt. Den ruhigen Job in Triberg hatte er sich ursprünglich anders vorgestellt. Endlich kam er heute zur Aufstellung seiner Umzugskosten. Mitten in dieser Arbeit klingelte das Telefon. Widerwillig hob Kötter den Hörer ab.

»Hier meldet sich die zentrale Leitstelle. Herr Kommissar, ein Jogger meldete gerade, oben an der Gemarkung Galgen, dieser historischen Richtstätte, an der früher Verbrecher gehängt wurden, hängt jetzt eine weibliche Person am Galgen. Sie finden diese Stelle leicht, denn sie liegt nur wenige hundert Meter links von uns aus gesehen vom Stöcklewaldturm. Den Erkennungsdienst, das Rote Kreuz und die Feuerwehr habe ich bereits verständigt.«

»Nicht schon wieder eine Leiche«, dachte Kötter und fuhr schnell zu der angegeben Stelle. Die Kollegen standen bereits vor dem offensichtlich neu gezimmerten Galgen. An diesem hing eine weibliche Person, die Kötter sofort als Dagmar Epple identifizieren konnte. Um den Hals trug sie ein Schild mit der Aufschrift ›Schwarzwaldhexe‹. Der Erkennungsdienst schoss Fotos von allen Seiten und sicherte mögliche Spuren. Erst dann konnte die Feuerwehr die Leiche abhängen und den Abtransport zum gerichtsmedizinischen Institut veranlassen. Augenblicklich dachte Kötter an die Zimmermannsgilde vom Sägewerk, die, wie sie sagten, am Fastnachtsdonnerstag immer den Narrenbaum aufrichteten. Dafür sprach auch der fachmännisch ausgeführte Galgen. Diesen untersuchte er sehr genau, dabei fiel ihm auf, dass er aus Kiefernholz war. Wie immer funktionierte sein Gedächtnis ausgezeichnet. Sagten nicht die Männer im Sägewerk, sie verarbeiten nur Tanne und Fichte. Und Kiefernholz gab es unter anderem bei der Schreinerei Abele. Sofort beantragte er bei der Staatsanwaltschaft Villingen einen Hausdurchsuchungsbefehl für die Schreinerei.

Kaum hatte die Durchsuchung der Schreinerei begonnen, gab es bereits die ersten Erfolgsmeldungen. Hier waren Reste eines abgesägten Kiefernbalkens und am Boden und an einem Stuhlbein fanden sich Spuren von Blut. Ein späterer Vergleich ergab einwandfrei, das Blut stammte vom Opfer und die Holzsorte stimmte auch überein. Kommissar Kötter konfrontierte Vater Abele, seinen Sohn und die Tochter mit den Ergebnissen.

»Es war ein Unfall! Dagmar und Claudia hatten einen Streit, weil Georg der Mann von Claudia bei seiner Meisterfeier dem meist abstinenten Richard Schnaps in die Getränke geschüttet hatte und damit für den Todessturz in den Wasserfall verantwortlich war. Zumindest behauptete dies Dagmar.«

»Und wie kam dann der ›Unfall‹ an den Galgen?«

Die drei zuckten mit den Schultern.

»Vermutlich eine Kurzschlusshandlung von uns.«

»Wenn Sie diesen ›Unfall‹ sofort gemeldet hätten, kämen Sie vermutlich vor Gericht mit Unfall oder Tätlichkeit aus dem Affekt durch. Aber da Sie versucht hatten, mit dem Galgen den Verdacht auf die Zimmermannsgilde zu lenken, dürfte es eine Verurteilung für einen Mord und die Vertuschung einer Straftat zur Folge haben. Ich verhafte Sie nun alle drei!«

Zufrieden lehnte sich Kommissar Kötter in seinem Büro zurück. Innerhalb der kurzen Amtszeit konnte er einen Unfall und zwei Morde aufklären. Welch eine Quote! Die Kostenaufstellung des Umzugs hatte er endlich fertig gestellt. Nun fehlte nur noch das Regal für seine Mineraliensammlung.

FREIZEITTIPPS:

1 Triberg. 4.800 Einwohner. Heilklimatischer Kurort durch die Wasserfälle bekannt. An der deutschen Uhrenstraße gelegene Stadt mit den Ortsteilen Nußbach und Gremmelsbach. Schwarzwaldmuseum, holzgeschnitzter Rathaussaal, barocke Wallfahrtskirche, Waldsportbad, 1,5 Kilometer lange Naturrodelbahn.

2 Triberger Wasserfälle. Mit 163 Metern Deutschlands höchster Wasserfall. Das Flüsschen Gutach stürzt sich über sieben Granitstufen hinunter. Abends bis 22 Uhr beleuchtet. Hochseilgarten.

3 Bergsee. Kleiner Naturweiher oberhalb der Wasserfälle. Ausflugslokal. Im Winter Schlittschuhlaufen und Eisstockschießen. Kein Badesee.

4 Rothaus. Badische Staatsbrauerei in Rothaus-Grafenhausen unweit des Schluchsees mit der Kultmarke ›Tannenzäpfle‹. Brauereibesichtigung nach Voranmeldung.

5 Gengenbach. Romantisches Fachwerkstädtchen zwischen Haslach und Offenburg. Ausgeschilderter Stadtrundgang mit zirka 130 Bronzetafeln. Bekannte Weine und Weinlehrpfad.

6 Schönwald. Der heilklimatische Kurort oberhalb von Triberg gilt als Geburtsort der Kuckucksuhr.

Naturschutzgebiete Rohrhardsberg und Blindensee. Hallenbad, beheiztes Freibad, Minigolf. Fahrrad- und E-Bike-Verleih. Wintersportplatz mit zwei Skisprungschanzen (gesprungen wird nur noch von der kleineren Adlerschanze), Langlaufloipen und Pferdeschlittenfahrt, Skirollerstrecke und Biathlonanlage, Half-Pipe für Snowboarder beim Dobel-Lift.

7 Schwarzwaldbahn. Verbindet Offenburg mit Konstanz. Die vom badischen Ingenieur Robert Gerwig mit 37 Tunnels und einem Viadukt 1873 eröffnete Bahn bezwingt einen Höhenunterschied von etwa 670 Meter. Der interessanteste und landschaftlich schönste Teil ist zwischen Hornberg, Triberg und St. Georgen.

8 Schwarzwaldbahn-Erlebnispfad. Start und Ziel am Triberger Bahnhof. Es gibt einen Oberen Erlebnisweg und einen Unteren Erlebnisweg mit jeweils 6 km Länge sowie 16 Verweilstationen mit Informationen zur Schwarzwaldbahn. Nicht für Kinderwagen geeignet.

9 Brigachquelle. Dieser Quellfluss der Donau entspringt im Keller des Hirzbauernhofes in St. Georgen-Brigach, 925 Meter über dem Meer. Außerhalb des Gebäudes ist die Quelle mit dem Dreigötterstein (Kopie), in dem ein Hirsch, ein Hase und ein Reh eingraviert sind und der als ein keltisches Heiligtum gilt, zu besichtigen.

10 Stöcklewaldturm. 127 Stufen. Rundblick auf den Feldberg, den höchsten Berg des Schwarzwaldes, die Schwäbische Alb und die Schweizer Alpen. Beliebtes Ausflugslokal, das auch mit dem Auto und Fahrrad erreichbar ist.

11 Am Galgen. Ehemalige Richtstätte der vorderösterreichischen Vogtei Triberg. 1721 wurden die Holzgalgen durch die heutige steinerne Anlage ersetzt. Bis zur Abschaffung der Todesstrafe 1776 sind 15 Hinrichtungen überliefert, davon zwölf wegen Hexerei.

12 Wanderweg St. Georgen – Triberg.
Mit der Schwarzwaldbahn von Triberg nach St. Georgen. Ab Bahnhof St. Georgen entgegen der Fahrtrichtung gehen, vorbei am Klosterweiher – durch die Fußgängerunterführung Bahndamm – kurzer steiler Anstieg zum Kohlbühl (einziger Anstieg der Wanderung) – Lange Gasse – evtl. Abstecher zur Brigachquelle – Gasthaus Hirzwald – Am Galgen – Stöcklewaldturm – Geutsche – Triberg. Mehrere Einkehrmöglichkeiten. Empfehlung: Wanderkarte Naturpark Südschwarzwald mit Triberg – Schonach – Schönwald – Furtwangen – St. Georgen – Vöhrenbach – Unterkirnach mit 26 leichten bis anspruchsvolleren Wandervorschlägen.

DER SCHAMANE VON HORNBERG

Nicht, dass er Heimweh nach seiner Mutter gehabt hätte, doch nun musste er seinen Haushalt selbst organisieren, was mehr Zeit in Anspruch nahm, als er bisher ahnte. Täglich holte er sich beim Bäcker zum Frühstück die Brötchen. In der Zwischenzeit konnte er die ›Weckle‹ richtig benennen und es gab keine Verständigungsschwierigkeiten mehr zwischen ihm und der Bäckereifachverkäuferin. Seine Angewohnheit, im Kommissariat zu frühstücken, hatte einen Grund, dann zahlte der Staat den Strom. Gerade als er sich einen Tee aufbrühen wollte, klingelte das Telefon.

»Kripo Offenburg, Roth. Spreche ich mit Kommissar Kötter?«

»Ja, das bin ich! Was gibt's?«

»Wir haben einen amüsanten Fall, einen toten Heilpraktiker in Hornberg 13 und eine heiße Spur führt nach Triberg. Stellen Sie sich vor«, – der Anrufer bekam einen Lachanfall – »laut unserem Gerichtsmediziner ist dieser Mann« – wieder wurde der Satz durch ein Lachen unterbrochen – »an einer Überdosis Viagra gestorben.«

»Und was hat dieser Fall mit Triberg zu tun?«

»In der Wohnung fanden wir die Leiche des Heilpraktikers. Nebenan in seiner Praxis lag eine geöffnete Schachtel mit Schwarzwälder Kirschpralinen einer bekannten Konditorei aus Triberg. Zwei der Pralinen waren noch nicht gegessen und enthielten, wie die Analyse ergab, eine große Menge Viagra. Die Haushaltshilfe, die ihn gefunden hat, wollen wir morgen vernehmen. Deshalb meine Bitte, könnten Sie auch zu dieser Befragung kommen? Morgen um 9 Uhr? Ich maile Ihnen den Namen und die Adresse dieser Frau.«

»Ich komme natürlich.«

Kommissar Danilo Kötter überlegte kurz, ob er bei diesem schönen Wetter diese zwölf Kilometer am nächsten Tag zu Fuß über dem ihm empfohlenen Franz-Göttler-Weg 14 zurücklegen sollte. Seiner Figur könnte dies nicht schaden, denn er befürchtete aufgrund seiner derzeit einseitigen Pizza- und Tiefkühlkost für die nahe Zukunft einen negativen Einfluss auf seine Figur. Am anderen Tag entschied er sich dann doch für das Auto. Auf der gut ausgebauten aber kurvigen B33 fuhr er talwärts in Richtung Hornberg. Unterhalb von Triberg staunte er über eine neben der Straße stehende unübersehbare mächtige Kuckucksuhr 15. Bald erreichte er das von einem riesigen Viadukt der Schwarzwaldbahn überspannte Städtchen Hornberg und sein Offenburger Kollege erwartete ihn bereits vor der Wohnung der Haushaltshilfe.

»Hallo, Sie sind sicher der neue Kommissar aus Triberg. Mein Name ist Lothar Roth, Kommissar bei der Kripo Offenburg.«

»Ja, sicher bin ich das. Obwohl Sie den weiteren Weg haben, sind Sie vor mir da.«

»Klar, ich wohne in Hornberg und arbeite in Offenburg. Aber lassen Sie uns doch als Kollegen einfach duzen. Ich bin Lothar.«

»Und mein Vorname ist Danilo.«

»Ein komischer Vorname.«

»Fragen Sie nicht. Gilt nun das Duzen?«

»Klar, Danilo. Nenn mich Lothar.«

Nach dem Klingeln öffnete eine südländisch aussehende Frau die Wohnungstür.

»Ich bin Rosella. Kommen Sie herein!«

Zur Auflockerung sprachen die Kriminalbeamten erst nur Belangloses. Angesprochen auf ihren Akzent berichtete die Frau, wie sie vor über zehn Jahren von der Algarveküste nach Hornberg gekommen sei. Die Portugiesin erzählte den beiden Kriminalbeamten langatmig von ihren vielen Putzstellen, darunter auch die Praxis und die Wohnung des Heilpraktikers Peter Schöllhorn, bei dem sie zweimal die Woche für Sauberkeit sorge. Danilo Köster schoss es durch den Kopf, was würde aus Deutschland, wenn diese vielen ausländischen Arbeitskräfte nicht die ›niedrigen Arbeiten‹ verrichten würden. Würde dann die Republik total verdrecken? Endlich kam die Frau zum Kern der Befragung.

»Vor drei Tagen schloss ich die Tür zur Wohnung neben der Praxis von Herrn Schöllhorn auf. Zuerst war alles wie immer, doch als ich ins Schlafzimmer kam, lag er tot in seinem Bett und ich verständigte sofort die Polizei.«

»Ist Ihnen etwas Besonderes aufgefallen?«

»Nein, in der Wohnung und auch in der Praxis sah alles, soweit ich dies feststellen konnte, aus wie gewohnt. Auf einem Tisch in der Praxis lag eine bis auf zwei Schokokirschen leere Pralinenschachtel. Ich vermutete, er hat sie für mich aufgehoben. Sie müssen wissen, diese Schwarzwälder Kirschen mit Kirschwasser getränkt und in Schokolade eingetaucht sind ein Gedicht. Er kannte meine Vorliebe für diese Süßigkeit. Schon einmal bekam er von einer Patientin aus Triberg die gleiche Schachtel geschenkt und ließ mich probieren. Daneben lag noch ein mit dem Computer gestalteter Zettel mit einem abgebildeten Herz und der Aufschrift: ›Von einer Triberger Patientin als Dankeschön‹.«

»Kennen Sie den Namen der Patientin?«

»Nein, ich kenne keine Namen, aber soviel ich weiß, hatte er nur wenige Patienten aus Triberg.«

»Und hatte er viele Damenbekanntschaften?«

»Ach der, der war zu einhundert Prozent geschlechtsneutral. Er behauptete immer, er hätte in seiner Zeit als Bademeister genügend weibliches Wabbelfleisch gesehen. Er lebte wie ein Asket und ernährte sich nur vegetarisch. Nur bei Süßigkeiten konnte er nicht nein sagen.«

Bevor sie sich verabschiedeten, bedankten sich die beiden Beamten für die informativen Aussagen und verließen die Wohnung mit der Zuversicht, diesen Fall bald gelöst zu haben.

Auf der Straße angekommen, lud Lothar den Triberger Kommissar in ein Gasthaus ein, um ihm von den bisherigen Ermittlungsergebnissen zu berichten.

»Aber zuerst gibt es die Vesper.«

»Ich kenne nur Vespergottesdienst und ich denke, du hast nicht die Absicht, in der Wirtschaft einen Gottesdienst zu halten.«

»Soviel ich weiß bist du ein Nordlicht und hast keine Ahnung von der Schwarzwälder Lebensart. Vesper ist bei uns eine Zwischenmahlzeit wie Brotzeit in Bayern oder Jause in Österreich. Damit du das kennen lernst, bestelle ich für dich und mich Schwarzwälder Speck.«

Bevor die Bestellung serviert wurde, erklärte Lothar die Herstellung dieser bekannten und von der EU mit Herkunftsschutz ausgewiesenen Schwarzwälder Spezialität:

»Der Schwarzwälder Schinken wird aus den Hinterschinken von Schweinen gewonnen. Die zerteilten und entbeinten Fleischstücke aus der Nuss, Hüfte, Schmal- und Breitseite werden mit einer Mischung aus Kochsalz, Pökelsalz, Pfeffer, Wacholderbeeren, Senfkörnern, Koriander und Lorbeerblättern eingerieben. Binnen weniger Tage bildet sich dann eine Mutterlake, in der man die Schinken je nach Größe zwei bis drei Wochen liegen lässt. In den Kamin oder in die Räucherkammern legt man frisch geschlagenes Tannen- und Fichtenholz. Darauf schichtet man Tannenzweige, Tannenzapfen und Holzhackschnitzel und bringt das Holz zum Glimmen. Nun beginnt der Räuchervorgang. Die Schinken hängen dann zwei bis fünf Wochen im Rauch und verlieren dabei etwa ein Drittel ihrer Feuchtigkeit. Anschließend müssen sie noch zwischen fünf Wochen und einem Vierteljahr lagern, bis sie in den Verkauf kommen. Industriell hergestellter Speck reift natürlich kürzer.«

»Du kennst dich aber gut aus.«

»Kein Wunder, mein Vater kauft für einen großen Offenburger Lebensmitteldiscounter Schwarzwälder

Fleisch- und Wurstwaren ein. Aber nun zu unserem Fall. Der tote Heilpraktiker heißt, wie du bereits von der Putzhilfe gehört hast, Peter Schöllhorn und ist in Hornberg als Schamane bekannt. Schamane deshalb, weil er mit vielen Kräutern und Heilpflanzen arbeitete. Ursprünglich arbeitete er als Bademeister im Solemar [16] von Bad Dürrheim [17]. Wegen seiner Jähzornigkeit, die vermutlich eine Folge eines hohen Bluthochdrucks sein könnte, kündigte man ihm. Auch die Bäderverwaltung seiner neuen Stelle im Badeparadies Schwarzwald [18] in Titisee-Neustadt trennte sich aus diesem Grund noch während der Probezeit von ihm. Daraufhin absolvierte er eine Ausbildung als Heilpraktiker. Über das folgende Jahr, bis er die Praxis in Hornberg eröffnete, fehlen uns genauere Informationen. Die einen sagen, er ging in die Lehre eines Voodoo-Masters in Afrika, andere hingegen sprechen von einem langen Asienaufenthalt. Gesichert scheint, er kannte sich bestens in der Natur aus und bot sogar ehrenamtlich eine Pilzberatungsstelle in Hornberg an.«

Inzwischen servierte die Bedienung die bestellten Portionen Schwarzwälder Schinken auf dem Holzbrett, daneben in einem Strohkörbchen vier Scheiben herrlich duftendes Bauernbrot und eine Schale mit Butter. Lothar zeigte Danilo, wie man mit dem scharfen Speckmesser erst die Schwarte entfernt und dann die knapp ein Zentimeter dicken Speckscheiben in feine Steifen schneidet.

»Dieser mit Fett durchzogene Bauchspeck ist von der Schmalseite«, murmelte Lothar kräftig kauend.

»Der magere rote Schinken wird meist in dünnen Scheiben serviert.«

»Fräulein, kann ich bitte etwas Senf haben?«

»Dazu passt kein Senf«, warf Lothar ein. »Ihr Preußen, die ihr immer das Eisbein mit Senf esst, habt doch keinen Geschmack. Iss mal eine gute Schweinshaxe ohne Senf mit Chucrut, wie die Elsässer das Sauerkraut nennen, in Straßburg [19], dann weißt du, was Geschmack ist. In einer knappen Stunde bist du von hier aus mit dem Auto in dieser sehenswerten französischen Stadt.«

»Von wegen Preußen und keine Kultur«, erwiderte Danilo. »Weißt du überhaupt, dass die Sueben aus Brandenburg im dritten Jahrhundert nach Christus das Gebiet des Neckar- und Donauursprungs besiedelten?«

»Du willst mir jetzt nicht weismachen, dass wir Schwarzwälder mit den Schwaben verwandt sind? Das kannst du hier niemanden erzählen.«

»Doch, zumindest die im Süd- und Hochschwarzwald. Damit müsst ihr Badenser leben.«

»Jetzt ist aber genug! Wir sind keine Badenser sondern Badener, sowie es keine Heilbronnser oder Frankfurtser gibt.«

»Also gut, Badener.«

»Das schwäbische Blut kann nicht besonders dick sein. Wir waren zeitweise sogar vorderösterreichisch. Dazu kommen, um nur einige zu nennen, die Alamannen, die Kelten und Römer oder welche Ötzis in grauer Vorzeit sonst noch über die Alpen wanderten.«

»Doch wie geht es nun mit dem Fall weiter?«

»Ich denke, wir lösen den Fall in den nächsten Tagen. Insgesamt konnten wir nur drei Namen aus Triberg in der Patientenkartei des Heilpraktikers finden. Ich maile dir die Namen und Adressen, dann kannst du vor Ort recherchieren. Also, ade!«

»Wie, wo, was ADE?«

»Mit Ade verabschiedet sich ein echter Schwarzwälder und nicht wie inzwischen fast überall im Land mit Tschüss oder sogar Tschüssi. Fehlt nur noch, dass die Schwaben Tschüssle sagen.«

»Da ich mich als Brandenburger möglichst bald akklimatisieren möchte, verabschiede ich dich nun auch mit einem freundlichen Ade. Und denk an die drei Adressen.«

Carla Fleig, 29 Jahre und arbeitslose Friseurin, hatte in ihrer Wohnung alle Spiegel mit Tüchern zugehängt. Begonnen hatte alles mit einer kleinen Verletzung im Gesicht. Auf einer Wange entstand eine kleine Rötung. Sie ignorierte diese Röte und überdeckte sie mit ihrem Makeup. Auch als sich diese Rötung auf der zweiten Wange zeigte, sah sie keine Veranlassung für einen Arztbesuch. Woche für Woche vergrößerte sich die Rötung und schwoll etwas an. Dazu kamen nun Gelenk- und Kopfschmerzen. Wundrose diagnostizierte der Arzt und verordnete ihr Penicillin. Darauf reagierte sie allergisch und der Arzt versuchte es mit einem Antibiotikum. Auch hier blieb der Erfolg aus und die Rötung vergrößerte sich zunehmend. Mehrmals wechselte sie den Arzt, doch eine Besserung trat nicht ein. Hilfe erhoffte sie sich nun vom Heilpraktiker in Hornberg, den ihr eine Arzthelferin, mit der sie inzwischen befreundet war, empfohlen hatte. Dieser mischte ihr eine Salbe, die nach seinen Angaben bei Leprakranken in Afrika gute Erfolge erzielte. Bereits nach wenigen Tagen verspürte sie Linderung. Als gute Beobachterin registrierte sie bei ihrem ersten Besuch die vielen Süßigkeiten, die der Heilpraktiker auf seinem Schreibtisch liegen hatte. Deshalb brachte sie ihm zur nächsten Sitzung aus Dankbarkeit eine Schachtel Schwarzwälder Kirschpralinen aus einer Triberger Konditorei mit. Da er sich auf dem richtigen Weg wähnte, mischte der Heilpraktiker eine noch kräftiger wirkende Salbe zusammen. Obwohl sich ihr Zustand daraufhin zusehends verschlechterte, schmierte sie täglich weiter, denn bei homöopathischen Mitteln zeigt sich, wie sie schon gehört hatte, die Besserung oft erst später. Zu spät bemerkte sie, was diese Salbe anrichtete. Als die Ätzungen im Gesicht nicht mehr reparabel waren und ihr die Chefin im Friseursalon kündigte, weil dieses Gesicht für ihre Kundinnen eine Zumutung sei, klagte sie. Die Klage gegen den Heilpraktiker ging aus wie das bekannte Hornberger Schießen, wonach der Herzog von Württemberg mit einem Salut empfangen werden sollte. Aufgrund verschiedener Irrtümer hatten die Hornberger schon vor Ankunft des Herzogs ihr Pulver verschossen. Auch ihr Rechtsanwalt hatte bei der Verhandlung sein Pulver verschossen, nachdem der Heilpraktiker eine Absicherung gegen alle möglichen Auswirkungen vorlegte, die sie vor der Behandlung unterschrieben hatte. Zu den teuren Anwalt- und Gerichtskosten kamen bei ihr nun auch nachvollziehbare Hassgefühle auf. Seit Wochen verschanzte sie sich zusammen mit ihrer Katze in der Wohnung. Mit diesem Gesicht konnte sie sich auf der Straße nicht mehr sehen lassen. Ein Glück, wenigstens die Arzthelferin, die ihr den Tipp mit dem Heilpraktiker gegeben hatte, kümmerte sich um sie.

Im Triberger Kommissariat hatte sich für den Nachmittag Besuch angekündigt. Ein Mitarbeiter eines Karlsruher Pharmakonzerns wollte den Kommissar sprechen. Inzwischen traf auch das versprochene E-Mail von der Kripo Offenburg ein. Zu den drei Adressen der Triberger Patienten des Heilpraktikers Schöllhorn gab es im Anhang ein Bild von einer Frau mit schrecklichen Verätzungen im Gesicht. Lothar hatte das Bild in einer Polizeiakte von einer Gerichtsverhandlung gefunden. Mit der Bemerkung, dass diese Carla Fleig die Täterin sein könnte, schlug er für das Wochenende einen privaten Treff mit einer sportlichen Betätigung vor.

Pünktlich erschien der Herr aus Karlsruhe und kam sofort zum Thema:

»Die Fälschungen von Potenzmitteln nehmen jährlich in einem ungeahnten Maße zu. Erst im letzten Jahr sind fast zehn Millionen Packungen mit gefälschtem Viagra allein in Deutschland sichergestellt worden. Viele Fälschungen kommen aus dem asiatischen Raum. Dabei erfolgen die Bestellungen per Internet und die Lieferungen kommen prompt mit neutral aussehenden Päckchen. Die Pharmafirma von Viagra beauftragte nun pensionierte Zoll- und Kriminalbeamte, diese Lieferungen zu unterbinden. Dem Konzern ist es gelungen, eine CD mit Adressen der Empfänger zu kaufen. Darunter ist eine gewisse Carla Fleig aus Triberg. Leider fehlte auf der CD der Name des Lieferanten. Der Sitz müsste in Indien sein. Über diese Adressen versuchen wir nun, an die Lieferadresse heran zu kommen. Da ich nicht befugt bin, diese Frau zu vernehmen, bitte ich Sie, mich zu begleiten.«

»Das trifft sich gut«, erwiderte Danilo Kötter.

Nach längerem Klingeln öffnete Carla Fleig mit einem Schleier um den Kopf, der ihr Gesicht fast verhüllte. Kommissar Köster zeigte seinen Polizeiausweis und bat um die Beantwortung einiger Fragen. Nach einigem Zögern gab sie zu, dass sie für ihren früheren Freund Viagra aus Indien bestellt hatte. Ein Absender war nicht genannt und die Bezahlung erfolgte über eine Bank in der Karibik.

»Und wo ist nun die Packung Viagra?«

»Die hat mein Freund mitgenommen.«

»Und wo ist Ihr Freund?«

»Weiß ich nicht, er konnte mein Gesicht nicht mehr ertragen und beendete unsere Beziehung.«

»Ist es richtig«, so Kommissar Kötter, »dass Sie dem Heilpraktiker von Hornberg eine Schachtel Schwarzwälder Kirschpralinen schenkten?«

»Ja, das habe ich!«

»Dann muss ich Sie jetzt verhaften, denn Herr Schöllhorn erlitt aufgrund einer Überdosis Viagra, die in Kirschpralinen enthalten war, einen Herztod.«

»Nicht so voreilig Herr Kommissar«, entgegnete der pensionierte Kriminalbeamte des Pharmakonzerns. »Diese Lieferungen waren Placebos und hatten nur ganz wenige Anteile des Wirkstoffes Sildenafil. Davon stirbt kein Mensch.«

Es schien, als ob der Beschuldigten ein Stein vom Herzen fiel. Unverrichteter Dinge verließen die Herren die im Gesicht fürs Leben gezeichnete Frau. Zur Beruhigung streichelte sie ihre Katze und dachte: »Das war knapp!«

Am Samstag kam Lothar zu Besuch. Danilo berichtete ihm von dem Besuch bei Frau Fleig zusammen mit dem Pharma-Detektiv. Die Befragung entpuppte sich als Fehlschlag. Erfreulicherweise gibt es noch zwei weitere Adressen, die uns sicher zum Erfolg führen werden.

»Danilo, da es Viagra nur auf Rezept gibt, würde ich alle Apotheken und Ärzte in der Region abchecken, ob sich jemand erinnert, welche Frau ein Rezept eingelöst hatte. Zusätzlich kannst du auch das Bild mit dem zerstörten Gesicht von Carla Fleig zeigen.«

»Klar, mach ich!«

»Beinahe wäre ich über diese schönen Steine auf dem Fußboden gestolpert.«

»Das ist ein Teil meiner Mineraliensammlung. Leider fehlt mir noch das Regal. Von jedem Urlaub bringe ich mindesten einen Stein mit. Schau mal: eine Sandrose aus Tunesien, ein Pyrit von der Insel Elba, eine Bergkristallgruppe aus der Schweiz und natürlich ein Bernstein von der Ostsee. Diese große Amethystdruse hat mir mein Vater aus Brasilien mitgebracht. In der Kiste sind noch viel mehr Steine, die ich selbst gefunden habe.«

»Für Sammler gibt es auch im Schwarzwald gute Tipps, beispielsweise die Mineralienhalde **20** der ›Grube Clara‹. Hier kannst du von Montag bis Samstag Steine klopfen. Das Bergwerk ›Grube Clara‹ in Oberwolfach ist übrigens das letzte noch aktive Bergwerk im Schwarzwald. Wenn du in der Gegend bist, empfehle ich dir einen Besuch des Städtchens Wolfach **21**. Eigentlich bin ich gekommen, um einen Laufpartner für die Strecke ›Rund um Triberg‹ **22** zu finden. Eine brutale Stecke, sage ich dir. Doch gerade richtig für mich, denn ich trainiere gerade für den Schwarzwaldmarathon **23** in Bräunlingen, deshalb sind für mich diese zehn Kilometer bergauf und bergab ein gutes Training. Kommst du mit? Als Polizist ist eine gewisse Fitness Voraussetzung. Du weißt doch, du kannst dir Sport für vier Stunden im Monat als Dienstzeit anrechnen lassen.«

»Darauf verzichte ich gerne. Mit Müh und Not lege ich jährlich das Deutsche Sportabzeichen ab, das bei der Polizei auch als Nachweis für meine sportliche Fitness gilt. Aber zehn bergige Kilometer, das ist nichts für mich als Flachländer. Mir genügt der gelegentliche Polizeisport und Samstagnachmittag liege ich meist auf dem Sofa und genieße die Sportschau im Fernsehen zusammen mit einer Tafel Ritter Sport.«

»Dann eine süße Sportschau. Ich wünsche dir ein schönes Wochenende. Ade!«

Am Montag zeigte Danilo Kötter in der Triberger Konditorei das Foto von Carla Fleig.

»Wenn ich mir ein glattes Gesicht vorstelle«, so die

Chefin, »könnte es Frau Fleig sein. Schließlich kennt man sich in einer so kleinen Stadt. Aber ich kann mich beim besten Willen nicht erinnern, sie als Kundin in den letzten Wochen gesehen zu haben.«

Auch in den Arztpraxen und Apotheken in Triberg und Umgebung konnte sich niemand erinnern, dass eine Frau und schon gar nicht Frau Fleig, ein Rezept für Viagra geholt hatte. Enttäuscht brach der Kommissar am Abend die Suche ab. Frustriert suchte er die Bar des Best Western Hotels auf. Er spürte so etwas wie Heimatgefühle und erinnerte sich, wie er und seine Kollegen im gleichnamigen Hotel von Potsdam öfter fröhlich feierten. Sie bestellten immer Martini, nicht nur einen, und fühlten sich wie James Bond, wenn sie sich gegenseitig ihre Erfolge erzählten. Aufgrund des Misserfolges musste es heute auch ein Martini sein.

Carla Fleig wartete auf den Besuch der Arzthelferin Miranda Weisser. Sie brachte ihr immer Lebensmittel und das Notwendige für eine Woche für sie und ihre Katze mit. Ihr würde sie dann erzählen, wie knapp sie an einer Verhaftung vorbei geschrammt war. Klar, hatte sie blöde Kuh dem Heilpraktiker nach dem ersten Erfolg eine Schachtel Schwarzwälder Kirschpralinen geschenkt. Nach der Verätzung und der verlorenen Gerichtsverhandlung schwor sie Rache und bestellte über das Internet Viagra aus Indien. Fast die komplette Packung zerkleinerte sie zwischen zwei Folien mit dem Fleischhammer. Dann schmolz sie im Heißwasserbad eine Tafel Schokolade. Die flüssige Schokolade vermengte sie mit dem Viagra, tauchte die Kirschen ein und verschaffte damit den einzelnen Kirschpralinen einen zusätzlichen Schokomantel. Jede Kirsche bekam nun wieder ihren Platz in der Pralinenschachtel. Anschließend wickelte sie die Packung wieder in Zellophan ein und warf nachts diese ›Viagra-Packung‹ versehen mit der Aufschrift: ›Von einer Triberger Patientin als Dankeschön‹ in den Briefkasten des Heilpraktikers von Hornberg. Dass dieses Viagra nur ein Placebo war, stellte sich jetzt im Nachhinein als Glück heraus. Sie wusste schon länger von der Unwirksamkeit des Potenzmittels, da ihr Freund mal ein ›Versucherle‹ genommen hatte und keine Wirkung verspürte.

Endlich kam Miranda. Sie hatte wieder alles besorgt, doch leider fehlte dieses Mal das Katzenfutter.

»Danke, Miranda, doch das Katzenfutter benötige ich sehr dringend. Ich habe heute die letzte Dose für meine Mietze aufgemacht.«

»Ich besorge gleich morgen nach Praxisschluss die Dosen zusammen mit dem Trockenfutter. Carla, so kann es nicht weitergehen. Du musst mal wieder an die frische Luft.«

»Soll ich Halloween spielen und die Leute erschrecken?«

»Ich habe heute Geburtstag und lade dich in die Saunalandschaft ins Parkhotel ›Wehrle‹ 24 ein. Heute ist Frauentag. Im Dampfbad sorgt der Nebel für eine eingeschränkte Sicht. Auf dem Weg zum und vom Hotel ziehst du einen Kapuzenpulli an, der dein Gesicht mehr oder weniger verdeckt. Bitte mach mir diese Geburtstagsfreude, sonst muss ich alleine feiern.«

Carla wollte ihrer einzigen Freundin den Wunsch nicht abschlagen und sagte widerwillig zu.

Danilo Kötter ließ sich mehrere Martinis munden. »Hoffentlich fängt die Trinkerei nicht schon wieder an«, dachte er und verließ gegen 22 Uhr die Bar. Plötzlich stockte er. Auf der anderen Straßenseite sah er zwei Frauen, eng umschlungen, jede eine größere Sporttasche in der Hand, wie sie eilig den Gehweg entlang gingen. »Ist das nicht …?« Sein Gedächtnis arbeitete auf Hochtouren und meldete ziemlich bald zwei Volltreffer. Die eine war unverkennbar Carla Fleig und die andere die Arzthelferin Miranda Weisser, die ihm bei seiner Ärzte- und Angestellten-Befragung eiskalt erklärt hatte, sie hätte diese Person noch nie gesehen. Er wusste auch noch, in welcher Praxis Frau Weisser beschäftigt ist, da er es sich angewohnt hatte, alle Details zu notieren. In seiner Wohnung suchte er im Telefonbuch die Sprechzeiten heraus. Da er am nächsten Tag auf Anraten von Lothar seinen Polizeisport bei der Polizeidirektion Villingen absolvierte, wollte er die Sprechstundenhilfe bei Praxisschluss überrumpeln.

Vermutlich hatte sie vorzeitig Schluss gemacht, denn als er vor der Praxis einparkte, sah er gerade noch wie Miranda Weisser eilig verschwand. Er folgte ihr unauffällig und als sie den Supermarkt aufsuchte, kam ihm dies sehr gelegen. Wollte er doch ebenfalls einkaufen. Doch wider Erwarten blieb ihm keine Zeit dazu. Miranda Weisser ging nur kurz zum Regal mit Tierfutter, legte einige Packungen Katzenfutter in den Einkaufskorb und ging zur Kasse. Er stellte sich hinter sie und bemerkte:

»Ach, Katzenfutter für Frau Fleig.«

»Ich hatte Ihnen schon einmal gesagt, eine Frau Fleig kenne ich nicht.«

Draußen auf dem Parkplatz angekommen, hielt Kommissar Kötter den Einkaufswagen von Frau Weisser fest und sagte energisch:

»Wir gehen jetzt gemeinsam zur Wohnung von Carla Fleig und wenn Sie jetzt nicht Folge leisten, beantrage ich morgen einen Haftbefehl gegen Sie.«

Notgedrungen lud sie das Katzenfutter und den Kommissar in ihr Auto und fuhr mit ihm zur Wohnung der Freundin. Diese öffnete in Erwartung des Katzenfutters sofort die Tür und erschrak wegen der männlichen Begleitung.

»So, Frau Fleig, nun ist Ende mit dem Versteckspiel. Ihre Lügen und die von Frau Weisser haben nun keinen Zweck mehr, sonst bringe ich Sie beide wegen Mordes hinter Gitter.«

Besonders die Freundin erschrak. Wegen Mordes hinter Gitter? Dieser Freundschaftsdienst ging ihr dann doch zu weit.

»Herr Kommissar, ich gab Carla diesen blöden Tipp mit dem Schamanen von Hornberg. Nach der Verunstaltung ihres Gesichtes erzählte sie mir von ihrem verunglückten Mordanschlag und bat mich als Arzthelferin, ihr doch ein Rezept für Viagra oder noch besser gleich eine Packung zu besorgen. Zufällig ließ am nächsten Tag ein Pharmareferent für meinen Chef eine Probepackung da. Ein Wink von oben und die Gelegenheit, meiner Freundin ihren Wunsch zu erfüllen. Nachdem sie die Pralinen wieder entsprechend präpariert hatte, erfüllte ich ihr auch noch den weiteren Wunsch, die Pralinenschachtel mit dem Zettel in den Briefkasten des Heilpraktikers in Hornberg zu werfen. Bekomme ich jetzt nach diesem Geständnis mildernde Umstände?«

»Das entscheidet der Richter inwieweit hier Beihilfe zum Mord vorliegt. Halten Sie sich beide zur Verfügung, ich beantrage sofort die Untersuchungshaft.«

Auf dem Rückweg zum Kommissariat kaufte sich Danilo Kötter noch eine Schachtel Schwarzwälder Kirschpralinen.

13 Hornberg. Eisenbahnviadukt, Ruine, Evangelische Stadtkirche mit Chor im Stil der Hochgotik und sehenswerten Fresken. Freibad, Schwarzwälder Pilzlehrschau, Freilichtbühne, Duravit Design Center.

14 Franz-Göttler-Weg. In Privatinitiative erstellte 1963/64 der Fabrikant Franz Göttler zusammen mit seinen Helfern diesen zwölf Kilometer langen Wanderweg entlang der Gutach von Triberg nach Hornberg. Der Weg ist gut mit der blauen Raute des Schwarzwaldvereins beschildert und beginnt ab Bahnhof Triberg. Da der schmale Weg mit schönen Ausblicken auf die Schwarzwaldbahn teilweise sehr steil ist, sollte man nicht unbedingt mit Kleinkindern oder Kinderwagen wandern. Gutes Schuhwerk wird empfohlen. Eine Einkehrmöglichkeit gibt es nur in Niederwasser.

15 Kuckucksuhr. Begehbare weltgrößte Kuckucksuhr (4,50 x 4,50 m) im Eble-Uhren-Park in Schonachbach mit einer großen angeschlossenen Uhrenverkaufsausstellung. Eine weitere begehbare Kuckucksuhr befindet sich in Schonach. Kuckucksuhren in traditioneller Ausführung bietet unter anderen auch die Uhrmacherei Herr seit Generationen im Zentrum von Triberg an.

16 Solemar-Therme Bad Dürrheim. 13 verschiedene Innen- und Außenbecken. Thermalwasser mit Solekonzentration, Sole-Geysir-Dampfbad.

17 Bad Dürrheim. Heilklimatischer Kurort auf der Baar mit ebenen Rad- und Wanderwegen, Kurhaus mit Wandelhalle, Kurpark, Kliniken, Hallen- und Freibad Miramar, Narrenschopf (Fastnachtsmuseum).

18 Badeparadies Schwarzwald Galaxy. Palmenoase mit 180 echten Palmen und einem transparenten Dach. Wellnessoase mit Saunalandschaft. Zutritt jeweils ab 16 Jahren. Kleinkinder bis drei Jahre frei.

19 Straßburg(F). Sitz des Europarates. Pflichtprogramm ist das Münster mit seinem 140 Meter hohen Turm, Astronomische Uhr und Silbermann-Orgel. Malerische Altstadt. Schifffahrt auf der Jll. Maison Kammerzell, ein altes Kaufhaus mit Lokal aus dem 15. und 16. Jahrhundert.

20 Mineralienhalde. Abraum der ›Grube Clara‹, zwischen Wolfach und Kirnbach gelegen.

21 Wolfach. Historische Innenstadt. Dorotheenhütte mit einer Glaserlebniswelt, Glasmuseum, Verkaufsraum für Bleikristallerzeugnisse. Heimat- und Flößermuseum. Besuchbergwerk ›Grube Wenzel‹ sowie Mineralien- und Mathematikmuseum in Oberwolfach.

22 Joggingstrecke ›Rund um Triberg‹. 10 Kilometer mit großen Höhenunterschieden. Start am Bergsee über die Waldstraße am Triberger Ehrenmal vorbei, Hal-

denhof, Bahnhof, Zickzack-Weg am Gerwigdenkmal hoch in Richtung Retsche, Spielplatz Retsche, über den Öschweg in Richtung Schwimmbad, oberhalb des Schwimmbades am Froschbrunnen vorbei in Richtung Triberger Wasserfälle, über die Brücke am ersten Wasserfall und weiter am Hochseilgarten vorbei wieder in Richtung Bergsee.

23 Schwarzwaldmarathon. Am zweiten Wochenende im Oktober in Bräunlingen bei Donaueschingen.

24 Historisches Parkhotel ›Wehrle‹ in Triberg mit großem Wellnessbereich Sanitas Spa.

DER FEUERTEUFEL

Einmal jährlich legte Willibald Stocker den Weg zum Kilwi Markt 25 nach St. Georgen 26 zurück. Trotz seines Alters von über siebzig Jahren fiel ihm der etwa zweistündige Weg nicht besonders schwer. Nach dem holprigen Wiesenweg befand er sich nun auf einem geteerten Feldweg und sein Leiterwägelchen, das er hinter sich herzog, ließ sich nun leichter ziehen. Froh gestimmt, in der Erwartung, einmal wieder unter Menschen zu sein, dachte er an seinen abgelegenen Bauernhof, den er mit seiner gleichaltrigen Frau Margarete als absoluter Selbstversorger bewirtschaftete. Dieser Bergbauernhof war weder im Autoatlas noch auf einer Wanderkarte verzeichnet und nur im Grundbuchamt eingetragen. Wann seine Frau das letzte Mal den Hof verlassen hatte, daran fehlte ihm jede Erinnerung. Sie kam vor etwa fünfzig Jahren als Näherin auf den Hof seines Vaters und sie gefiel ihm sofort. Gab es doch für ihn sonst kaum Möglichkeiten, auf Brautschau zu gehen. Gut, dass wenigstens von Zeit zu Zeit Näherinnen für ein paar Wochen auf dem Hof die anstehenden Näharbeiten wie Vorhänge, Tischdecken und neue Kleider für die Bauersleute mit ihren vielen Kindern erledigten. Dann war Leben auf dem Einödhof. Inzwischen waren seine Eltern längst verstorben und die vielen Kinder sowie die Geschwister aufgrund der fehlenden Perspektiven mit dieser Höhenlandwirtschaft weggezogen. Gelegentlich besuchte eines der inzwischen erwachsenen Kinder den elterlichen Hof und brachte dringend notwendige Dinge wie Kerzen und Petroleum mit. Schon als Bub begleitete er seinen Vater auf diesem Weg nach St. Georgen. Auf dem Jahrmarkt deckte er sich jährlich mit allerhand Dingen des täglichen Lebens wie Pfannen, Hosen, Kleider, Unterwäsche und Socken ein. Mit Sicherheit würde er an diesem Tag wieder alles verkaufen, was ihm seine Frau auf den Leiterwagen geladen hatte. Offiziell gestattete das für den Markt zuständige Amt für öffentliche Ordnung diesen Verkauf nicht, doch das scherte ihn nicht, die eigenen Erzeugnisse wie Speck, Käse und Marmelade zu verkaufen. Seine treuen Abnehmer erwarteten ihn bereits, so dass innerhalb von einer halben Stunde der Wagen leer gekauft war. Das Gesprächsthema unter den Passanten drehte sich an diesem Tag hauptsächlich um die Brandserie auf den einsamen Bauernhöfen und viele empfahlen Bauer Stocker eine erhöhte Aufmerksamkeit. Als ihm erstmals in seinem Leben ein Mann mit dunkler Hautfarbe begegnete, dachte er unwillkürlich: »Hätts bei dem au brennt?« Am Stand mit den Süßigkeiten wählte er für seine Frau jeweils eine Tüte mit türkischem Honig, gebrannten Mandeln und Gutsle (Bonbons) aus, die er für sie als ›Kremle‹ einpackte. Er gönnte sich noch ein gutes Mittagessen und ein Glas Rotwein und kaufte in den Geschäften alles ein, was ihm seine Frau auf einem Einkaufszettel notiert hatte, auch ziemlich viel Schokolade bei der Schwarzwälder Genusswerkstatt. Nach den erledigten Einkäufen trat er am Spätnachmittag seinen Rückweg an.

Schon der Anblick des gebuchten Ferienhäuschens auf dem Bauernhof bei Vöhrenbach 27, mit dem für den Schwarzwald typischen heruntergezogenem Dach, versetzte die Hamburgerinnen in Urlaubsstimmung. Die von der Sonne gegerbten braunen Holzschindeln, unterbrochen von kleinen mit rot-weiß karierten Vorhängen dekorierten Fenstern, kamen den Vorstellungen eines Schwarzwaldklischees der beiden Redakteurinnen doch sehr nahe. Die zwei Schlafzimmer, die Wohnküche mit einer holzumrandeten Küchenzeile sowie eine gelb gekachelte Dusche verstärkten den Eindruck vom gemütlichen Urlaub auf dem Bauernhof. Genau genommen befand sich dieses Urlaubsquartier direkt neben dem Bauernhof, das früher als so genanntes Leibgeding diente. Da sich auf den Bauernhöfen, in denen meist drei Generationen unter einem Dach lebten, beinahe jährlich Zuwachs einstellte, errichtete man neben dem Hof ein kleineres Gebäude, in dem die Großeltern im Austrag wohnten. Von hier wollten die Redakteurin Wiebke Petersen und die Fotografin Greta van Bergen in den nächsten drei Wochen ihren Auftrag erledigen. Nach der Idee ihres Hamburger Verlagsleiters sollten sie Schwarzwald-Gasthäuser außerhalb von Ortschaften, die zu Fuß erreichbar sind, erkunden und neben dem Text mit Bild einen Wanderplan erstellen. Der Verleger möchte ein Buch mit dem Arbeitstitel »Kneippentour im Südschwarzwald« mit dem Untertitel »Auf Schusters Rappen zur Schwarzwälder Gastlichkeit« veröffentlichen. Das Vorwort beginnt frei nach dem Philosophen Arthur Schopenhauer, wonach eine Wanderung nur ein Umweg zu einer Wirtschaft ist. Gerade in dieser Region soll es besonders viele Schwarzwald-Gasthöfe außerhalb geschlossener Ortschaften geben. Vor der Abfahrt schärfte ihnen der Verlagsleiter noch ein, gute Regenkleidung einzupacken, denn es sei bei allen Wanderern bekannt: »Es gibt kein schlechtes Wetter, nur unzweckmäßige Kleidung.«

Am nächsten Tag suchten die Nordlichter verschiedene Touristenbüros in der Region auf und die Tipps der freundlichen Angestellten ergaben bereits eine umfangreiche Liste von Schwarzwald-Gasthöfen 28. Aufgrund der vielen Adressen schien die zur Verfügung stehende Zeit von drei Wochen doch sehr knapp, deshalb unternahmen sie sofort die erste Wanderung. Das Auto parkten sie am Kesselberg 29. Den leicht ansteigenden etwa drei Kilometer langen Wanderweg 30 bis zum ›Breghäusle‹ bewältigten sie ohne Mühen. Zur Stärkung aßen sie je ein Paar geräucherte Bauernbratwürste mit Kartoffelsalat und tranken frischen Apfelmost dazu. Schon jetzt freuten sie sich auf weitere Wandererlebnisse dieser Art. Wieder in ihrem Ferienhäuschen angekommen, wies sie der Vermieter auf den in zwei Tagen stattfindenden Jahrmarkt von St. Georgen hin und wollte nach einem Blick in die Liste der Gasthäuser weitere Tipps anbringen. Dies wehrten die beiden emanzipierten Damen empört ab und verwiesen auf die Beschreibungen aus den Touristikbüros und vertrauten zusätzlich auf ihr Satellitentelefon, das ihnen der Verlag leihweise überlassen hatte. Mit diesem könnten sie jederzeit auch in den entlegensten Gegenden mit dem Routenplaner oder mit der Auskunft kommunizieren. Viele dieser Gasthöfe erreichten sie mit dem Auto, was die unter Zeitdruck stehenden Recherchen erleichterten. Den Tipp mit dem Jahrmarkt von St. Georgen ignorierten sie, denn für Hamburger sind Marktbesuche kein besonderes Erlebnis. Könnten sie doch neben den vielen stattfindenden Märkten jeden Sonntagmorgen den Fischmarkt besuchen. An diesem Tag ließen sie das Auto auf einem Wanderparkplatz stehen und machten sich zu Fuß auf den Weg. Waren es die falschen Angaben ihres Navigationssystems oder die eigene Desorientierung, sie verirrten sich gewaltig. Zu allem Unglück ging noch ein Platzregen nieder und da es schon dunkelte, suchten sie Schutz in einer neben einem Bauernhof stehenden Scheune, die vor ihnen im dichten Regenschleier auftauchte. Da ein Unglück meist nicht allein kommt, verletzte sich Wiebke Petersen noch an einem heraus stehenden rostigen Nagel am Oberarm. Die starke Blutung drang durch die Bluse und die Regenjacke und die Wunde hörte einfach nicht auf zu bluten. Leider war der Verbandskasten im Auto. Kurzerhand zog sie ihren Slip aus und bat ihre Kollegin, ihr den Arm abzubinden. Es funktionierte. Nachdem die Wunde nicht mehr blutete ging sie an den Brunnen neben dem Hof und wusch, soweit dies möglich war, das Blut aus dem Slip. Inzwischen hatte der Regen aufgehört und der Mond kam hinter den Wolken hervor. Sie legte den Slip auf den Brunnenrand, damit er etwas trocknen konnte, bevor sie ihre Suche nach dem richtigen Weg fortsetzen wollten. Die Fotografin hatte es sich in der Zwischenzeit im Heu bequem gemacht und versuchte mittels des Satellitentelefons eine Kontaktperson zu finden, die ihnen aus ihrer Notlage helfen könnte. Entnervt und noch immer ohne Unterhöschen setzte sich Wiebke Petersen dazu.

Es dämmerte bereits, als Bauer Stocker seinen Hof wieder erreichte. Argwöhnisch beobachtete seine Frau das Abladen des Handwagens, ob er wirklich alles mitgebracht hatte. Durch die späte Heimkehr von Willibald fand das Abendessen bei Kerzenlicht statt. Sonst nutzte man immer das Tageslicht und ging früh zu Bett. Vom Mittagessen des Vortages war noch ein Teil Schäufele übrig geblieben, das auch kalt sehr gut schmeckte. Dabei erzählte der Bauer vom Feuerteufel, der immer wieder allein stehende Höfe anzündete. Wie immer, wenn es Fleisch gab, kam der Hofhund Hasso an die Türe und winselte um Einlass. Willibald öffnete die Tür und Hasso stürmte ins Esszimmer. Der Bauer sah ihn verdutzt an:

»Hasso, was hesch du denn da im Mul?«

Nur unwillig und nur weil er sich einen Brocken Fleisch erhoffte, gab Hasso das Teil frei. Der Bauer übergab seiner Frau diesen feuchten Lumpen.

»So ebbes han i no nie gsäh«, murmelte die Bäuerin und befühlte intensiv das sich seidig anfühlende Stück. »Aber des kann i zum Putze net verwende.«

»Des isch net vom Hof. I gugg emol nuus, von wem des sii kennt«, entgegnete der Bauer.

Der Bauer ging ins Freie und bemerkte das angelehnte Tor zum Heuschopf. Er öffnete die Tür und beide Frauen erschraken aufgrund des unerwarteten Besuches.

»Isch da jemand«, rief der Bauer in die dunkle Scheune.

»Ja, wir sind's.«

»Was mache se hier?«

Die Frauen erzählten kurz, dass sie sich verirrt hatten und bei dem plötzlichen Regenguss Schutz gesucht hatten.

»Es brannte nirgends Licht, da dachten wir, das Gehöft sei unbewohnt.«

»Mir hen no koin Strom. Komme se in d' Stube rei.«

Der Bauer bat die zwei Frauen in die niedrige holzgetäfelte Stube, die vom Schein der Kerze nur spärlich beleuchtet war. Mit spitzen Fingern hob die Bäuerin das feuchte Wäschestück hoch und fragte: »Ghört des Ihne?«

»Ja«, entgegnete Wiebke Petersen, »das ist mein Tanga.«

»Tanga? Was isch denn des?«

»Meine Unterhose, mit der wir die Blutung am Arm stoppen konnten.«

»Da nehme se de Hos! Bei mir tät da mei Unterrumm net neipasse.«

Die Bäuerin übergab etwas angewidert das Wäschestück und bot den Damen Platz auf der Kunschd an (Kunschd ist im Schwarzwald eine mit Wasser beheizte Ofenbank am Kachelofen). Frierend lehnten sich die Hamburgerinnen mit dem Rücken an den Kachelofen und spürten diese wohlige Wärme und die zusätzliche Wärme der Ofenbank. Der Hund lag satt mit geschlossenen Augen unter dem Tisch. Den nun folgenden Redeschwall der Bauersleute bekamen die Hamburgerinnen wegen des Dialekts nur teilweise mit. Auf die Bitte der Fotografin, ein Taxi zu rufen, antwortete die Bäuerin:

»Mir hen koi Telefon.«

»Ich habe ein Telefon in meinem Rucksack, der noch in der Scheune liegt. Ich hole unsere Rucksäcke und meine Fototasche.«

Greta van Bergen erhob sich und ging zur Tür.

»Moment«, sagte der Bauer. »I zünd Ehna a Stalllatern a, dann finde ses besser.«

Im Schein der Stalllaterne ging die Fotografin zum Heustadel, um ihre Handtasche und die Sachen ihrer Kollegin zu suchen. Etwa zehn Minuten später kam sie aufgeregt herein gestürmt und schrie:

»Es brennt!«

»Jetzt het de Feuerdeifel zugschlage«, schrie der Bauer. »Rufe se schnell mit Ehna Telefon die Feuerwehr.«

Greta van Bergen wählte eilig die 112, nahm ihre Fotoausrüstung und lief wieder nach draußen. Erste Flammen schlugen bereits aus der offenen Scheunentür. Bis die Feuerwehr eintraf, schoss sie eine Fotoserie, wovon später eine Auswahl an die Presse ging.

Kreisbrandmeister Meier hatte sich bei Kommissar Danilo Kötter zu einem Gespräch angesagt.

»Herr Kommissar, so geht es nicht weiter! Die Brandserie begann im Januar 2006, als der inzwischen wieder aufgebaute Reinertonishof 31 bei Schonach in

Flammen aufging. Immer und immer wieder schlug der Feuerteufel in den vergangenen Jahren zu. Ihr Vorgänger unternahm keinerlei Anstrengungen, um die Fälle aufzuklären. Für ihn hatten die Bauern ihre Höfe ›warm abgebrochen‹, um dann mit dem Versicherungsgeld teilweise den Neubau zu finanzieren. Dabei stellten die Kriminaltechniker der Polizei einwandfrei Brandstiftung als Ursache fest. Welch ein mehrfaches Glück jetzt beim Stockerhof. Durch den Regenguss, der kurz vorher niedergegangen war, war die Scheune von außen noch nass. Dazu kam die glückliche Anwesenheit der Hamburger Redakteurinnen, die mittels Handy unsere Feuerwehr alarmieren konnten. Außerdem fertigten wir erst vor kurzem Anfahrtsskizzen für unsere Leute von allen allein stehenden Bauernhäusern in der Umgebung an. So konnten wir schnell vor Ort sein und zumindest einen Teil der Scheune retten, bevor das Feuer auf den Hof übergreifen konnte. Wenn erst so ein Heuballen brennt, ist meist alles zu spät.«

»Nach dem der Feuerteufel in dieser Gegend seit Jahren wütet, wird es sicher nicht einfach sein, diesen Mann oder diese Frau zu fassen.«

»Versuchen Sie es. Sie sind unsere neue Hoffnung.«

»Gut, bitte stellen Sie mir alle Unterlagen über die Brände aus den vergangenen Jahren zusammen. Auch die Einsatzpläne, welche Feuerwehrleute jeweils Dienst hatten.«

»Sie wollen aber jetzt nicht behaupten, meine Jungs hätten das Feuer gelegt. Für die lege ich meine Hände ins Feuer.«

»Na, das dürfte wohl nicht der richtige Ausdruck sein. Es wäre übrigens nicht das erste Mal, dass Feuerwehrleute Pyromanen sind.«

»Also gut, ich lasse Ihnen alle Unterlagen zukommen.«

Der junge Feuerwehrmann Benno hielt Brandwache auf dem Stockerhof. Falls es notwendig wurde, konnte er aufkommende Brandnester sofort ersticken. Schon bei der Jugendfeuerwehr hatte er eine Grundausbildung erhalten und bekam nach dem Durchlauf verschiedener Unterweisungen bereits nach über einem Jahr die Leistungsspange der Feuerwehr. Viele Leute denken, die Feuerwehr wäre nur für Brände zuständig, doch der Leitspruch »Löschen – Bergen – Schützen« bezieht sich auf vielerlei Aufgaben – von Verkehrs- und Chemieunfällen bis zur Bergung eines entflogenen Papageis auf dem Hausdach. Vor einem Monat retteten er und seine Kameraden sogar eine Kuh, die auf einem Bauernhof in die Güllegrube gefallen war. Ein »Scheißjob«! Seinem Löschzug II, dem er angehörte, wurde dieser Brand zugeteilt und immer, wenn es um eine Brandwache ging, meldete er sich freiwillig. Seinen berufstätigen Kameraden kam dies gerade recht, auch wenn sie ihn sonst wegen seiner Tollpatschigkeit gerne hänselten. Nein, gemobbt wäre zuviel gesagt, doch Anerkennung seiner Leistung hätte anders ausgesehen. Immer wieder war gerade er die Zielscheibe für Spott und Lächerlichkeit bei seinen Kameraden. Die Brandwache nutzte er gerne, um allein zu sein und um einer bestimmten Spur nachzugehen. Noch bevor der Kriminaltechniker der Polizei seine Untersuchungen aufnahm, durchstreifte er die abgebrannten Gebäude auf der Suche nach bestimmten Kartonhülsen, von denen er manchmal Reste aus winzigen verbrannten Krümeln fand. In dieser Nacht blieb seine Suche erfolglos.

Kommissar Danilo Kötter wählte die Nummer des Landratsamtes.

»Bitte verbinden Sie mich mit Kreisbrandmeister Meier!«

»Meier! Was kann ich für Sie tun?«

»Hier spricht Kommissar Kötter. Herr Meier, nach Durchsicht aller Brandunterlagen fiel mir auf, dass ein gewisser Benno Laßmann fast alle Brandwachen bestritt. Gibt es nähere Angaben zu dieser Person?«

»Mit dem zuständigen Feuerwehrkommandanten sprach ich bereits mehrmals über den Nachwuchsmann Laßmann. Ich kenne ihn auch persönlich, da er beim jährlichen Feuerwehrfest mit anschließendem Feuerwerk die besten Raketen liefert, die er selbst gebaut hat. Wissen Sie, diese jungen Leute laden sich alles Mögliche aus dem Internet herunter, sogar Bauanleitungen für Feuerwerksraketen. Als Persönlichkeit schätze ich ihn eher als introvertiert ein, etwas tollpatschig, doch sehr hilfsbereit. Die Akzeptanz bei seinen Kameraden scheint nicht besonders hoch zu sein, doch für die Übernahme der Brandwachen ist er prädestiniert, da er als Einziger des Löschzuges nicht berufstätig ist.«

»Danke, das genügt mir. Bitte geben Sie mir die Adresse. Ich suche ihn persönlich auf.«

Umgehend fuhr Kommissar Kötter zu der angegebenen Adresse. Eine Frau mittleren Alters öffnete ihm nach dem Klingeln die Tür und gab sich nach der Frage nach Benno Laßmann als seine Mutter zu erkennen.

»Benno ist leider nicht im Haus. Wie mehrmals in der Woche ist er mit einem gleichaltrigen Jungen aus der Nachbarschaft zum Blindensee 32 unterwegs. Aber wenn Sie eine Viertelstunde warten können, zum Mittagessen ist er immer wieder pünktlich zurück.«

»Was gibt es denn Gutes?«

»Nichts Besonderes, Flädlesuppe.«

»Flädlesuppe?«

»So nennt man hier die Pfannenkuchensuppe. Die übrigen Pfannkuchen vom Vortag schneidet man in Streifen, gibt sie in eine heiße Bouillon-Brühe und fertig ist die Suppe.«

»Ich warte!«

Berufsbedingt schaute sich der Kommissar neugierig um und entdeckte einen vorschriftsgemäß gesicherten Waffenschrank.«

»Haben Sie eine Waffenlizenz?«

»Schon immer. Mein Mann war Förster. Er kam bei einer Jagd ums Leben. Normalerweise organisierte er die einheimischen Jagdgesellschaften selbst, doch auf Anfrage aus Berlin für eine Diplomatenjagd übernahm einer vom Land Baden-Württemberg die Organisation. Blödsinnigerweise mischte sich mein

Mann unter die Treiber, trug aber nicht deren auffällige Kleidung, sondern wie immer seinen dunkelbraunen Pullover. Ein Diplomat aus den Emiraten verwechselte ihn deshalb mit einem Rehbock. Mein Mann war sofort tot. Seither unterstützt uns die Botschaft mit hohen monatlichen Zuwendungen, so dass weder ich noch mein Sohn arbeiten müssen. An den Waffenschrank kommt niemand, der ist perfekt gesichert.«

Inzwischen kam Benno vom Blindensee zurück.

»Habt ihr wieder eure Feuerwerksraketen ausprobiert? Ein Herr von der Kriminalpolizei wartet schon auf dich.«

»Um was geht es denn?«

»Es geht um Ihre Brandwachen. Kann ich Sie einen Moment unter vier Augen sprechen.«

Benno bat den Kommissar in sein Zimmer.

»Was haben wir denn da«, sagte der Kommissar und zeigte auf eine angeschmorte Stalllaterne.

Verlegen entgegnete Benno, »ach, nichts Besonderes«.

Auf die Frage, ob ihm bei den Brandwachen irgendetwas aufgefallen war, verneinte Benno und der Kommissar verabschiedete sich schnell.

Nur wenige Tage danach brannte wieder ein allein stehender Bauernhof. Als Kommissar Kötter am Brandherd ankam, brannte das Gehöft bereits lichterloh. Gerade sah er, wie ein Feuerwehrmann sich mit einer Fotografin anlegte, die auf die Feuerwehrleiter stieg, um die Löscharbeiten zu fotografieren.

»Sind Sie nicht die Hamburger Fotografin Greta van Bergen, die bereits den brennenden Stockerhof fotografierte?«

»Gut erkannt! Aber es dürfte auch im Schwarzwald erlaubt sein, für die Presse Bilder zu schießen. Meine Kollegin Wiebke Petersen und ich waren zufällig in der Nähe und hörten die Fanfaren der vielen Feuerwehrautos.«

Nur in einem kurzen Moment dachte der Kommissar: »Die Fotoreporterin wird doch hoffentlich nicht die Höfe anzünden, damit Sie exklusiv über die Brände berichten kann.« So schnell wie der Gedanke kam, so schnell verwarf er ihn wieder. Kreisbrandmeister Meier und der Feuerwehrkommandant zeigten sich bestürzt über den neuerlichen Brand, den man mit ziemlicher Sicherheit dem seit Jahren wütenden Feuerteufel zuschreiben konnte. Gottlob kamen durch das schnelle Eingreifen der Feuerwehr keine Menschen oder Tiere zu Schaden. Eindringlich forderte der Kreisbrandmeister den Kommissar auf, doch endlich mehr Zeit in die Aufklärung diese Brandserie zu investieren.

Die Brandwache übernahm auch in diesem Fall Benno Laßmann, der in der Nacht endlich das Gesuchte fand und dadurch Gewissheit erlangte, wer der Feuerteufel ist.

Am nächsten Tag beschäftigte sich Kommissar Kötter in seinem Büro intensiv mit dem neuerlichen Brand. Da klingelte das Telefon.

»Hier spricht die Mutter von Benno Laßmann. Herr Kommissar, kommen Sie schnell! Mein Sohn hat den

Waffenschrank aufgebrochen und ein Gewehr mitgenommen. Er ist in die Richtung zum Blindensee gegangen. Ich fürchte, er will sich das Leben nehmen. Kommen Sie! Schnell!«

Kommissar Kötter reagierte umgehend. Er verständigte sofort Kreisbrandmeister Meier.

»Herr Meier, ein Notfall! Die Mutter von Benno Laßmann rief mich gerade sehr aufgeregt an. Ihr Sohn ist mit einem Gewehr in Richtung Blindensee gelaufen. Was er vorhat, das weiß ich nicht, aber ich brauche dringend einen Suchtrupp. Können Sie ein paar von Ihren Feuerwehrmännern alarmieren, damit diese ihren Kameraden suchen? Und zur Unterstützung wäre ein Hubschrauber von Vorteil. Der Polizeihubschrauber in Stuttgart ist zu weit weg, aber Sie haben mit Sicherheit einen guten Kontakt zum Rettungshubschrauber in der Region.«

»Klar kennen wir wegen der Verkehrsunfälle die Piloten. Wenn gerade bei denen kein Noteinsatz vorliegt, bin ich sicher, die kommen.«

»Versuchen Sie es und geben Sie meine Handynummer durch, damit, falls es klappt, die Piloten mit mir Kontakt aufnehmen können. Ich fahre jetzt sofort los.«

Mit dem Auto fuhr er in Richtung Blindensee. Unterwegs meldete sich telefonisch der Hubschrauberpilot:

»Herr Kötter, hören Sie mich? Ich fliege über dem Blindensee und auf einem Bohlensteg vor dem eigentlichen See stehen sich zwei männliche Personen gegenüber. Die eine, vermutlich die Zielperson, hat ein Gewehr im Anschlag und zielt auf die andere Person. Kommen Sie! Ich dirigiere Sie zum nächst gelegenen Parkplatz, damit Sie zu Fuß zu der angegebenen Stelle kommen. Fahren Sie in Schonach 33 an der Kirche ab in Richtung Turntal. Den Rest müssen Sie zu Fuß gehen. Was ist denn nun los? Der Mann mit dem Gewehr stolpert und der andere stößt ihn ins Moor. Nun liegt er mit dem Gewehr in der Hand auf dem Rücken im Moor und der andere rennt den Steg entlang in Richtung Schönwald. Der Mann im Moor muss dringend geborgen werden, bevor er weiter einsinkt. Ich verständige gleich die Feuerwehr.«

»Die ist schon unterwegs!«

Benno Laßmann, der auf dem Rücken im Moor lag, vermied jede Bewegung. Immer wenn er sich bewegte, sank er ein paar Zentimeter tiefer ein. Über ihm flog ein Hubschrauber und deshalb hoffte er auf eine baldige Rettung. Endlich kamen Kommissar Kötter und seine Kameraden von der Feuerwehr, die ihn schnell aus seiner misslichen Lage befreiten.

»Ich weiß nun, wer der Feuerteufel ist. Es ist mein Nachbar, mit dem zusammen ich schon seit einiger Zeit Feuerwerksraketen baue. Schon lange hatte ich ihn im Verdacht, seit ich bei meiner ersten Brandwache verbrannte Krümel einer Feuerwerksrakete fand. Beim letzten Brand fand ich einen größeren Rest, der mir die Gewissheit verschaffte, dass er es ist. Um meinen Kameraden zu imponieren, dass ich den Feuerteufel enttarne, nahm ich zu unserem nächsten Treffpunkt am Blindensee das Gewehr meines Vaters mit. Damit wollte ich sein Geständnis erzwingen. Leider stolperte ich und er stieß mich ins Moor.«

Kommissar Kötter: »Und was hat es mit der angeschmorten Stalllaterne in Ihrem Zimmer für eine Bewandtnis?«

»Den Brand auf dem Stockerhof können Sie meinem Nachbarn nicht ankreiden. Hier ist er unschuldig. Ich vermute stark, die Stalllaterne ist die Ursache.«

Den flüchtigen jungen Mann konnte die Polizei bald stellen. Er legte sofort ein umfassendes Geständnis ab. Auf die Frage nach dem Motiv, beschuldigte er die Feuerwehr. Weil er mehrmals die Prüfung bei der Jugendfeuerwehr zum Leistungsabzeichen »Jugendflamme I« nicht geschafft hatte, beschimpfte ihn der Ausbilder als einen geistigen Tiefflieger und empfahl ihm, sich eine andere ehrenamtliche Tätigkeit zu suchen. Er sei ein Risikofaktor für jede Feuerwehr. Deshalb wollte er sich als Feuerteufel rächen. Außerdem hatte er seinen Spaß, wenn die Raketen ins Heu schossen. Auch die Fotografin gab zu, mit ihrer Ungeschicklichkeit den Brand in der Scheune vom Stockerhof verursacht zu haben, da ihr die Laterne aus den Händen glitt und das Heu sofort Feuer fing.

Auf Einladung der Bauersleute vom letzten Brandort saßen die Feuerwehrmänner im Reinertonishof beieinander. Dies als Dankeschön für den schnellen und guten Einsatz. Der Feuerwehrkommandant hatte Kommissar Kötter dazu geladen, der die Einladung gern angenommen hatte. Kontakte zu Einheimischen sind für einen Kriminalbeamten nie verkehrt. Jeder in der Runde bekam ein Holzbrett mit dünn aufgeschnittenem Schwarzwälder Rohschinken und dazu ein wohlschmeckendes Bauernbrot. Zusätzlich spendierte der Wirt, der froh war, dass der Brandstifter endlich gefasst war, eine Runde Schnaps. Der Wirt hob sein Glas und sagte:

»Dies ist ein Tobinambur. Dabei handelt es sich um eine hochwachsende Knollenstaude, die auch wegen der rötlichen Färbung der Knolle Indianerkartoffel genannt wird. Ich trinke diesen Schnaps auf unseren neuen erfolgreichen Kommissar und besonders auf unseren Helden Benno Laßmann, dem es gelungen ist, den Feuerteufel zu überführen.«

Benno genoss diese Worte und vor allem die anerkennenden Blicke seiner Kameraden. Als dann noch eine Runde Zibärtle, ein Obstbrand aus der Wildpflaume, serviert wurde, verabschiedete sich Kommissar Danilo Kötter mit einem Ade und Guate Nacht und versuchte, den alemannischen Tonfall zu imitieren. Unter dem Gelächter der Feuerwehrleute über diesen misslungenen Versuch verließ er das Lokal.

FREIZEITTIPPS:

25 Der Kilwi oder Kirchweihmarkt findet jährlich immer dienstags um den 20. Oktober im Zentrum von St. Georgen statt.

26 St. Georgen im Schwarzwald. Deutsches Phonomuseum, Heimatmuseum ›Schwarzes Tor‹, Kunstraum Grässlin, Hallenbad, Naturschwimmbad Klosterweiher, Minigolf, Kobisenmühle in Oberkirnach.

27 Vöhrenbach. Winterillumination an der Linachtalsperre. Wasserkraft- und Energielehrpfad, Bienenlehrpfad.

28 Liste von Wander-Gasthäusern:

Region Furtwangen: Berggasthof Martinskapelle, Höhengasthaus Kolmenhof, Hotel-Restaurant Goldener Rabe, Berggasthof-Hotel Brend, Naturfreundehaus Brend, Museum Gasthaus Arche, Gasthof Neueck bei Neukirch.

Region Hornberg: Hotel Schöne Aussicht und Gasthaus Rössle in Niederwasser, Gasthaus Deutscher Jäger Windkapf.

Region St. Georgen: Groß-Bauer Linde, Gasthaus Schützen Sommerau, Gasthaus Engel in Brigach, Wanderheim Lindenbüble, Gasthaus Rößle und Café Schoren in Stockburg.

Region Schönwald: Naturfreundehaus Küferhäusle, Berggasthof Brendturm, Hotel Inselklause.

Region Schonach: Café-Gasthof Bergwaldhof, Berghüsli, Reinertonishof, Schwedenschanze, Rohrhardsberg, Café-Gasthaus Kreuz und Höhengasthof Löwen in Escheck, Vesperstube Silberberg, Gasthaus Weißenbachblick, Gasthof-Pension Wilhelmshöhe.

Region Schramberg: Gasthaus Fohrenbühl.

Region Triberg: Landgasthof Berghof, Gasthaus Geutsche, Vesperstube Stöcklewaldturm, Gasthaus Hirzwald, Naturfreundehaus Hirzwald, Gasthaus Staude.

Region Vöhrenbach: Höhengasthof Kalte Herberge, Café Bernreutehof, Breghäusle.

29 Kesselberg in 1.024 Meter Meereshöhe. Mehrere Skilifte am Kesselberg, Winterberg und Schlossberg mit Flutlicht.

30 Wanderweg Schlempen zum Gasthaus Breghäusle: ab Parkplatz Schlempen in Oberkirnach in Richtung Freizeitheim Schlempen und Doldenhäusle immer geradeaus erreicht man nach weniger als einer Stunde das ›Breghäusle‹.

31 Reinertonishof. Neu aufgebauter Schwarzwälder Bauernhof, Vesperhäuschen, Hofbrennerei, Ponyreiten für Kinder, Kutschfahrten, Hofladen.

32 Blindensee zwischen Schonach und Schönwald. Um den Hochmoorsee (Naturschutzgebiet), der nur zu Fuß auf einem Bohlensteg erreichbar ist, wachsen sehr seltene Pflanzen.

33 Schonach. Durch TV-Übertragungen bekannter Wintersportplatz – Schwarzwaldpokal (Nordische Kombination) FIS Ladies-Grand Prix (weltbeste Skispringerinnen). Skisprungschanze Langenwald, Heimatstube, Barockkirche, Naturdenkmäler Schalensteine, Naturschwimmbad, Minigolf, Naturerlebnispfad mit der Möglichkeit für Kinder zu einer zweistündigen Ausbildung als Juniorförster. Eine der weltgrößten begehbaren Kuckucksuhren.

DIE WAHL ZUR MISS SCHWARZWALD

»Deutschland quatscht sich leer!« An diesen Werbeslogan musste Kommissar Danilo Kötter denken. Der Tipp für seine Mutter, sich eine Flatrate fürs Telefon zu besorgen, entpuppte sich als Bumerang für ihn. Wann immer es ihr einfiel, rief sie nun an und selten kam er unter einer Stunde davon. Wie geht es dir? Was machst du? Wann besuchst du mich? Hast du schon eine Freundin? Dieser Wortschwall ohne Punkt und Komma erwartete keine Antwort. Er endete meist mit der Anschuldigung: »Ich bin so allein!« Danilo wünschte sich die Zeit zurück, als bei Mutter noch der Gebührenzähler tickte und sie aus Sparsamkeitsgründen schnell das Gespräch beendete. Ein Spruch aus der Polizeischule fiel ihm wieder ein: »Der Mensch hat nur eine Zunge, aber zwei Ohren.« Die Quintessenz aus dieser Weisheit lautet, man solle mehr zuhören, als sprechen. Diesen Leitsatz kannte offensichtlich seine Mutter nicht. Für ihn als Kriminalbeamten ist aktives Zuhören bei seinen Ermittlungen ein absolutes Muss. Kötter beschäftigte sich gerade mit Routinearbeiten, als sich die Kriminalpolizei Freiburg meldete:

»Hallo, Herr Kötter. Wir haben für Sie eine Leiche, vermutlich Selbstmord, die aus Triberg stammt. Das Reinigungspersonal fand sie vor zwei Stunden in ihrem Hotelzimmer. Neben der Leiche lag ein Abschiedsbrief. Auf dem Tisch standen eine leere Flasche Sekt und zwei leere Gläser. An der Hotelrezeption konnten wir mit Leichtigkeit die Personalien der Frau feststellen. Eine gewisse Simone Furtwängler, 18 Jahre jung, gebürtig und wohnhaft in Triberg. Bitte kommen Sie! Wir recherchieren inzwischen weiter.«

Ab Furtwangen 34 fuhr er durch Gütenbach 35 und auf einer schmalen, romantischen Straße durchs Simonswäldertal 36 zügig bergab. Nach einer Stunde erreichte er Freiburg im Breisgau 37. Die Kollegen begrüßten ihn und informierten den Kommissar über ihre bisherigen Ermittlungen.

»Gestern Abend fand im Kaisersaal vom »Historischen Kaufhaus« die Wahl zur Miss Schwarzwald statt. Zwölf Damen standen zur Auswahl, doch als der Moderator flockig ins Publikum hineinrief, welche Dame im Saal noch schöner sei, meldete sich eine 62-jährige Seniorin. Er konnte nicht anders und bat die Dame auf die Bühne. Die Menge kreischte, johlte, pfiff und trampelte mit den Füßen. Davon ließ sich die Jury beeindrucken und wählte die ältere Dame zur Miss Schwarzwald. Kurz zuvor galt die junge Simone Furtwängler, die sich Cindy nannte, als Topfavoritin. Vor Enttäuschung rastete die Verliererin aus, beschimpfte lautstark die Jury und das Publikum und rannte heulend von der Bühne. Ihr Agent wollte sie noch beruhigen und lief ihr beschwichtigend bis ins Hotel hinterher. Die Zeitungen melden bereits aktuell auf ihren Internetseiten den Eklat unter dem Titel ›Oma wird Miss Schwarzwald‹.«

Die Kollegen beendeten ihren Bericht mit der Bemerkung, jemand müsse nun der Mutter die schreckliche

Nachricht überbringen und dem Kommissar Kötter wurde klar, warum ihn die Kollegen nach Freiburg zitiert hatten. Eine unangenehme Aufgabe, die aber wohl jeder Kriminalbeamte in seinem Berufsleben meist mehrmals erledigen muss.

Schon beim ersten Klingeln stürmte Hanna Furtwängler aus ihrer Parterrewohnung zum Hauseingang.

»Bist du endlich …«

Vor der Tür stand Kommissar Kötter und zeigte seinen Dienstausweis.

»Entschuldigen Sie, ich hatte eigentlich meine Tochter erwartet.«

»Ihretwegen bin ich hier. Darf ich eintreten?«

»Bitte nehmen Sie Platz! Ich versuche schon seit gestern Nacht, sie im Hotel zu erreichen. Ohne Erfolg. Vermutlich feierte sie die Wahl zur Miss Schwarzwald mit ihrem Agenten. Am Morgen rief ich bei der Rezeption des Hotels an, aber auch die konnten oder wollten mich nicht verbinden. Gerade wollte ich mit dem Zug nach Freiburg fahren, um sie zu treffen. Was ist geschehen?«

»Frau Furtwängler, ich muss Ihnen leider eine traurige Mitteilung überbringen, Ihre Tochter hat sich das Leben genommen. Vermutlich, weil sie nur Zweite bei der Wahl zur Miss Schwarzwald wurde.«

Gerade noch konnte der Kommissar die Frau auffangen, bevor sie in Ohnmacht fiel. Er setzte sie aufs Sofa und holte ihr ein Glas Wasser. Nach etwa fünf Minuten konnte er sie wieder ansprechen. Langsam begann er, ihr die Einzelheiten mitzuteilen.

»Das Hotelpersonal fand Ihre Tochter tot im Zimmer. Eine Flasche Sekt und zwei Gläser standen auf dem Tisch. Daneben lag ein Abschiedsbrief. Hier, den habe ich Ihnen mitgebracht.«

Kötter überreichte ihr den Brief.

Sie öffnete ihn sofort und las:

Liebe Mama,

mein Wunschtraum, als Miss Schwarzwald berühmt zu werden, hat sich leider nicht erfüllt, deshalb scheide ich aus dem Leben.

Ich danke dir und meinem Agenten für alles, was ihr für mich getan habt.

Behalte mich in deinem Herzen

deine Cindy

»Herr Kommissar, das hat nie und nimmer meine Tochter geschrieben. Sie nannte mich noch nie Mama sondern Hanna. Das ist nicht ihr Schreibstil. Sie hat mit Mühe einen Hauptschulabschluss geschafft und hatte in Deutsch die Note Mangelhaft.«

»Aber die Unterschrift ist doch von ihr – oder?«

»Das ist sie zweifellos. Wenn Sie mich fragen, hier stimmt etwas nicht. Vermutlich steckt ihr Agent, dieser Scheißkerl, dahinter.«

Vorsichtig nahm Kommissar Kötter den Brief wieder an sich und steckte ihn in ein mitgebrachtes Zellophantütchen.

»Wir gehen diesem Verdacht natürlich nach. Bitte kommen Sie möglichst bald in mein Büro. Wir nehmen dann Ihre Fingerabdrücke und untersuchen den Brief nach weiteren Abdrücken. Es müssten Ihre, meine, von der Polizei in Freiburg und die Ihrer Tochter sein.

Bitte bringen Sie auch etwas Handgeschriebenes von Ihrer Tochter mit.«

Die Mutter machte sich Vorwürfe: »Warum war ich nicht dabei? Immer habe ich sie bei ihren Auftritten begleitet. Ausgerechnet dieses Mal musste ich in unserer Firma eine erkrankte Kollegin vertreten. Es lag ein dringender Auftrag vor und der wurde erst gegen 22 Uhr fertig. Außerdem war zwischen unserem Agenten und der Jury vereinbart, dass sie die Wahl gewinnt. Ach, wäre ich nur dabei gewesen. Ich hätte sie getröstet.«

»Haben Sie eine Freundin oder Bekannte, die sich jetzt um Sie kümmert?«

»Ja, ich rufe gleich an!«

Der Kommissar wartete, bis die Freundin eintraf und verabschiedete sich. Wie vereinbart brachte Hanna Furtwängler am nächsten Tag ein Hausaufgabenheft als Schriftprobe mit und ließ sich die Fingerabdrücke abnehmen. Mit diesen und dem Abschiedsbrief begab sich der Kommissar wieder auf den Weg nach Freiburg. Die Kollegen waren nicht untätig gewesen und hatten das Personal und den Agenten der Toten in der Zwischenzeit verhört. Vorsorglich hatte man die Sektgläser und die leere Sektflasche sicher gestellt. Aufgrund der Aussagen des Triberger Kommissars leiteten nun die Beamten diese Gläser und die Flasche zusammen mit den Fingerabdrücken von Hanna Furtwängler sowie den Abschiedsbrief an das gerichtsmedizinische Labor weiter. Danilo Kötter bekam noch die Adresse des Managers von Cindy und nahm anschließend die Gelegenheit wahr, die Landespolizeidirektion Freiburg aufzusuchen. Eindrücklich bat er um eine personelle Verstärkung wegen der enormen Zuwächse von Straftaten im Gebiet seiner Dienststelle. Er wusste auch nicht warum, aber seit Beginn seiner Dienstzeit in Triberg ging es mit schweren Fällen Schlag auf Schlag. Diese dubiosen Hintergründe wollte er zu gegebener Zeit noch aufdecken. »Er werde sich darum kümmern«, versprach der Polizeidirektor, für den die Angelegenheit damit erledigt war.

Mit Harald Herne von der Schwenninger Event-Agentur »Speedy – der schnelle Erfolg« vereinbarte er telefonisch einen Termin. Als ihn in Schwenningen 38 Herne in seinem schwülstig eingerichteten Büro empfing, nahm der Kommissar als Erstes einen unangenehmen Geruch wahr. Offenbar kämpfte das Deo von Herrn Herne vergeblich gegen dessen Körpergeruch an. Sein feistes Gesicht umrahmte oben ein Glatzkopf und unten ein Doppelkinn. Man sollte als Kriminalbeamter keine Vorurteile gegen Menschen haben, doch fiel ihm dies im Augenblick sehr schwer.

»Sie kommen wegen Cindy beziehungsweise Simone Furtwängler. Die Kripo Freiburg hat mich zu dem Selbstmord bereits befragt. Mehr kann ich Ihnen auch nicht sagen.«

»Simone Furtwängler stand doch bei Ihnen unter Vertrag. Vielleicht können Sie mir die Person, die unter dem Künstlernamen Cindy auftrat, näher beschreiben.«

»Sicher kann ich das. Wie viele dieser jungen Dinger, die zu mir kommen, wollte auch die Simone groß herauskommen. Früher lautete der Traumberuf der Mädchen Krankenschwester oder Tierärztin, doch heute möchten sie Models, Sängerinnen oder gleich TV-Stars werden. Sie sah gut aus, doch für ihren Wunsch, eine CD-Produktion in Richtung Jazz und Soul aufzunehmen, dazu fehlte ihr einfach die Stimme. Deshalb erteilte ich ihr eine Absage. Tage später kam ihre Mutter zu mir ins Büro und flehte mich an, egal zu welchen Konditionen, ihre Tochter unter Vertrag zu nehmen. Vor mir lag gerade eine Anfrage für ein Waldfest und die Veranstalter suchten eine Sängerin für Schwarzwaldlieder. Unter diesem Druck versprach ich der Mutter einen ersten Auftritt, aber ohne Gage. Sie willigte ein.«

»Und wie kam Cindy an?«

»Sie nannte sich damals noch Simone. Erst als sich dieser Abend wider Erwarten zu einem großen Erfolg entwickelte, nahm ich sie in meine Kartei auf und vermittelte sie in den kommenden Jahren meist für Volks- und Firmenfeste und auch mehrfach zu Heimatabenden. Ihre Lieder aus dem Repertoire der Schwarzwaldfamilie Seitz, wie: ›Schatz i trau dir net‹ oder ›Meines Großvaters Uhr die macht tick, ticke, tack‹, traf den Geschmack der Besucher.«

»Und wie ging es dann weiter?«

»Mit der inzwischen 18-Jährigen hatte ich große Pläne. Um ihren Bekanntheitsgrad zu steigern, kam mir die Wahl zur Miss Schwarzwald gerade recht. Sie müssen wissen, als Event-Manager hat man so seine Kontakte. Drei von den vier Jurymitgliedern waren mir verpflichtet und somit stand eigentlich vorher schon fest, wer die Wahl gewinnen wird. Doch dieser dusselige Moderator musste dann das Publikum noch animieren, ob sich jemand aus dem Saal meldet. Und wie Sie wissen, ging mein ganzer Plan gründlich daneben.«

»Sie liefen Ihr noch ins Hotel hinterher, um sie zu beschwichtigen?«

»Cindy war so durch den Wind, ich konnte sie einfach nicht beruhigen. Vor ihrem Hotelzimmer stritten wir uns noch laut und heftig, so dass einer durch die geschlossene Zimmertür ›Ruhe‹ rief. Daraufhin schloss sie sich in ihr Hotelzimmer ein und ich ging ebenfalls auf mein Zimmer.«

»Und Sie verließen Ihr Zimmer in dieser Nacht nicht mehr?«

»Wo denken Sie hin, Herr Kommissar. Unsereins ist immer geschäftlich unterwegs. Im Zimmer angekommen, rief ich beim ›Historischen Kaufhaus‹ an und ließ mich mit einem guten Bekannten aus der Jury verbinden. Wie ich vermutete, stieg nach der Wahl die After-Show-Party, bei der die Beteiligten die neue Miss Schwarzwald entsprechend feierten. Ich bat meinen Bekannten, er solle sie doch ans Telefon holen. Was auch geschah. Ich vermutete, diese Wahl würde einen Riesenrummel bei der Presse auslösen. Deshalb bot ich ihr einen lukrativen Vertrag an. Meinen Vorschlag, sie solle umgehend in die Hotelhalle kommen, nahm sie gern an. Wissen Sie, die Werbeagenturen suchen neuerdings reifere Models mit Ausstrahlung. Die jungen ›Hungerhaken‹ sind out.«

»Und kam Miss Schwarzwald?«

»Keine Frage! Meinen Laptop habe ich immer auf Geschäftsreisen mit dabei. Ich bereitete den Vertrag auf dem Computer vor, ging zum Hotelbüro und bat die Sekretärin, ob ich etwas ausdrucken dürfe. Den Druckertreiber holte ich per Internet auf meinen Rechner. Dann druckte ich den Vertrag aus. Die Sekretärin saß daneben und kann dies sicher bestätigen.«

»Wie ging es dann weiter?«

»Als ich in die Hotelhalle kam, erwartete mich die neue Miss Schwarzwald bereits und unterschrieb den Vertrag. Daraufhin legte ich mich schlafen.«

»Und Sie gingen nicht mehr zum Zimmer der enttäuschten Cindy?«

»Nein! Genügen Ihnen diese Auskünfte? Ich habe nämlich noch zu tun.«

»Vorerst schon!«

Für Samstag war Danilo Kötter zum Nordic Walking mit seinem Kollegen Lothar Roth aus Hornberg verabredet. Den Vormittagstermin musste er leider kurzfristig absagen. Die Vernehmungsprotokolle von Harald Herne und Hanna Furtwängler sollten dringend zu den Kollegen nach Freiburg. Für ihn als brandenburgischen Flachländer suchte Lothar eine ebene Strecke für seine erste Nordic-Walking-Tour heraus. Am Nachmittag trafen sie sich am Roßbergstadion in St. Georgen. Lothar wollte die Stöcke von seinem Vater mitbringen, doch zu Danilos Erstaunen lud Lothar nur ein Paar Stöcke aus dem Auto aus.

»Entschuldige Danilo, ich muss dringend zu einem Fall nach Haslach 39. Den Anruf bekam ich gerade vor ein paar Minuten. Aber das kennst du ja als Polizist zur Genüge. Ich zeige dir kurz, wie dich die Stöcke im Rhythmus des Gehens unterstützen. Übrigens erzählte mir mein Vater, den Bahnrekord über 100 Meter auf dieser über 900 Meter hoch gelegenen Aschenbahn hier im Roßbergstadion hält mit handgestoppten 10,2 Sekunden der Sprinter Heinz Fütterer. Der Name sagt dir vermutlich nichts. Ende der 1950er und Anfang der 1960er Jahre gab es in Deutschland hervorragende Sprinter, wie Armin Harry, der 1960 in Rom die Goldmedaille über 100 Meter gewann. So schnell musst du aber die Strecke nicht angehen. Wir sehen uns, wenn du einverstanden bist, morgen am Parkplatz bei der Martinskapelle unweit der Bregquelle 40 bei Furtwangen. Ade!«

Weg war er und Danilo startete seine erste Nordic-Walking-Tour 41. Vorbei am Stadion und an den Tennisplätzen begab er sich auf den beschilderten Hochwaldweg zum Wanderparkplatz Wagschachen und zu der etwa zwei Kilometer entfernten Bengelhütte. Seine Stöcke sollten ihm laut Werbeaussagen der Zubehörlieferanten die Gelenke entlasten, doch diese hingen schlaff an seinen Handgelenken und er schleifte sie mehr schlecht als recht hinterher. Das Gegrinse der ihm entgegen kommenden Wanderer nervte ihn so, dass er auf dem Rückweg die Stöcke quer unter den Arm nahm und als Spaziergänger den schönen ebenen Waldweg genoss. Am Auto angekommen, schmiss er etwas zornig die Stöcke in den Kofferraum und schwamm anschließend ein paar Runden im neben dem Parkplatz gelegenen Hallenbad. Am nächsten Tag traf er Lothar pünktlich am vereinbarten Treffpunkt an der Martinskapelle.

»Wie war's gestern?«

»Na ja, Spaß sieht bei mir anders aus.«

Nach entsprechender Anleitung von Lothar bekam Danilo auf dem sieben Kilometer langen Rundweg über Roßeck, Günterfelsen, Aussichtsturm Brend und wieder zurück zum Ausgangspunkt richtig Lust auf diese sportliche Betätigung. Am schönsten fand Danilo die Kinder am Naturdenkmal Günterfelsen, wie sie durch die engen, bizarr aufragenden Felsen kletterten. Er mochte Kinder, doch dazu bräuchte er eine Frau. Im Höhengasthaus ›Kolmenhof‹ bestellten sie sich einen Wurtsalat.

»Lothar, wieso sind in deinem Wurstsalat Käsestreifen und bei mir nicht?«

Lothar lachte: »Vermutlich haben sie dir die Löcher vom Emmentaler Käse rein geschnitten. Nein, wenn du im Schwarzwald Wurstsalat bestellst, bekommst du Wurstsalat. Wenn du Schweizer Wurstsalat bestellst, bekommst du Wurstsalat mit Käse.«

»Du als Einheimischer kennst dich eben aus.«

»Von wegen Einheimischer! Meine Familie stammt aus der Pfalz und ich kam erst mit 13 Jahren nach Hornberg. Einheimischer im Schwarzwald bist du erst, wenn sich keiner mehr daran erinnern kann, dass du zugezogen bist.«

»Dann wird es bei mir wohl noch eine Weile dauern.«

Die beiden verabschiedeten sich mit dem Versprechen, bald wieder eine gemeinsame Freizeitaktivität zu unternehmen.

Am Montag kam aus Freiburg die Bitte, von Harald Herne aus Schwenningen die Fingerabdrücke zu nehmen. Dieser weigerte sich am Telefon entschieden und Kommissar Kötter meldete dies umgehend den Kollegen nach Freiburg. Zwei Tage später kam »wegen der erdrückenden Beweislast« ein Haftbefehl. Um sich zu vergewissern, ob der Eventmanager in seinem Büro ist, rief Kötter an und bat ihn wieder um die Fingerabdrücke. Die unflätigen Beschimpfungen des Veranstaltungsmanagers Herne quittierte er mit einem stillen Lächeln und beendete das Gespräch. Eine Stunde später standen er und zwei Polizisten im Büro von Harald Herne und verhafteten ihn unter größtem Protest. Er sei unschuldig, beteuerte er immer wieder. Nach einer Nacht in der Zelle im Polizeirevier Schwenningen überführten ihn die Freiburger Polizisten in die Untersuchungshaft. Wochen später fand beim Landgericht Freiburg die Gerichtsverhandlung statt. Kommissar Kötter und Hanna Furtwängler mischten sich unter die zahlreichen Zuhörer.

Die Anklage lautete auf Mord an der 18-jährigen Simone Furtwängler, Künstlername Cindy, aus Triberg.

Die Zeugenvernehmung begann mit der älteren attraktiven Miss Schwarzwald.

»Herr Herne rief mich im Veranstaltungssaal an und bot mir einen lukrativen Vertrag als Model an. Ich kam gegen 23.30 Uhr in die Hotelhalle und bereits nach einer kurzen Wartezeit kam er. Wir besprachen den Vertrag und ich erklärte mich einverstanden und unterschrieb.«

Die Hotelsekretärin bestätigte, dass Herr Herne kurz vorher in ihr Büro gekommen war, um eilige Verträge auszudrucken. Auf den Inhalt dieser Verträge hatte sie aus Diskretionsgründen nicht geachtet.

Der Barmann des Hotels bestätigte, Herr Herne hätte gegen 24 Uhr bei ihm eine tiefgekühlte Flasche Sekt mitgenommen.

Der Zimmernachbar im Hotel gab zu Protokoll, gegen 23 Uhr einen heftigen Streit auf dem Flur neben seinem Zimmer zwischen einer Frau und einem Mann gehört zu haben. Die Worte konnte er nicht verstehen, weil sein Fernseher lief, doch als er »Ruhe« rief, entfernten sich die Personen. Bei der Befragung erinnerte er sich, dass kurz nach 24 Uhr jemand an die Tür des Nachbarzimmers klopfte und rief: »Cindy, lass mich rein, ich bin's.«

Diese Aussagen unterstrich der Staatsanwalt mit schwerwiegenden Beweisen:

»Herr Herne, inzwischen konnten wir Ihnen in der Untersuchungshaft die Fingerabdrücke abnehmen. Die Gerichtsmediziner fanden diese eindeutig auf der Sektflasche und auf den Sektgläsern. Am Sektglas mit dem Lippenstift befanden sich nur die Fingerabdrücke der Toten. Der winzige Rest in diesem Glas enthielt K.-o.-Tropfen. Schlimmer noch für Sie, nachdem die Wahl zur Miss Schwarzwald und der Tod der vermeintlichen Favoritin von der Presse bis ins Detail veröffentlicht wurde, meldete sich bei uns eine junge Frau, die nicht genannt werden will. Uns liegt die schriftliche und bestätigte Aussage der Zeugin vor, die bei Ihnen unter Vertrag war, dass Sie dieses damals 15-jährige Mädchen mit K.-o.-Tropfen betäubten und anschließend vergewaltigten. Nach diesem Vorfall verließ sie Ihre Agentur, ohne Anzeige zu erstatten. Was sagen Sie dazu, Herr Herne.«

Sein Verteidiger: »Herr Staatsanwalt, bei allen belastenden Argumenten haben Sie vergessen, dass ein Abschiedsbrief der Toten vorliegt. Ein Graphologe bestätigte einwandfrei die Echtheit der Unterschrift. Und wer sagt Ihnen denn, dass der Mann, der nach 24 Uhr an der Tür von Simone Furtwängler um Einlass bat, mein Mandant war?«

Daraufhin meldete sich der Hotelzimmernachbar nochmals zu Wort:

»Bei abgeschaltetem Fernseher verstand ich die Worte des nächtlichen Besuchers ganz deutlich und ich bin mir absolut sicher, es war die Stimme des Angeklagten.«

»Herr Herne, nach dieser Sachlage kann das Urteil nur Mord lauten und Sie wandern für viele Jahre in die Justizvollzugsanstalt. Jetzt wäre es an der Zeit, ein umfassendes Geständnis abzulegen. Damit könnten Sie sich ein paar Jahre ersparen. Vielleicht können Sie mir dann erklären, wie Sie die Unterschrift auf den Abschiedsbrief erschlichen haben.«

Die Aussicht, für viele Jahre ins Gefängnis zu wandern, erschreckte den lebenslustigen Event-Manager doch sehr. Er besprach sich mit dem Verteidiger.

»Also gut, aber nur wenn ich Strafmilderung bekomme.«

Der Richter nickte.

»Mit der Jury hatte ich vereinbart, dass Cindy zur Miss Schwarzwald gewählt wird. Dieser Titel würde den Marktwert meiner Künstlerin um ein Mehrfaches erhöhen. Nach dem Missgeschick mit der Dame aus dem Publikum wollte ich die durchgedrehte Cindy beruhigen und lief ihr nach. Auf dem Flur vor dem Hotelzimmer beschimpfte mich Cindy lautstark und wollte endlich den Vertrag haben, den ich ihr nach der Misswahl versprochen hatte. Nachdem ich etwas zögerte, warf Sie mir vor, ich hätte sie seit Jahren nur benutzt und kaum Gage bezahlt. Sie verlangte von mir 20 bis 30.000 Euro und wenn sie die nicht bekäme, würde sie mich anzeigen, weil ich ihr, als einmal die Mutter nicht dabei war, K.-o.-Tropfen gegeben und sie vergewaltigt hatte. Ihr damaliges Stillschweigen beruhte auf meinem Versprechen, dass dies nicht mehr vorkomme. In Wirklichkeit wollte sie ihre Karriere nicht gefährden. Konsterniert wie ich war, versprach ich ihr den Künstlervertrag noch für diese Nacht.«

»Und den haben Sie dann noch nachts geschrieben«, fragte der Staatsanwalt.

»Ich ging auf mein Hotelzimmer und überlegte krampfhaft, wie ich Cindy von einem Gang zur Polizei abhalten könnte. Da ich auch noch die neue Miss Schwarzwald als Ersatz für Cindy unter Vertrag nehmen wollte, ich hatte bereits mehrere Zusagen von

Modellagenturen, rief ich, wie Sie inzwischen wissen, diese Dame an. Auf meinem Laptop schrieb ich die Verträge für die Miss Schwarzwald und für Cindy. Dabei kam mir die Idee für den Abschiedsbrief. Im Büro des Hotels druckte ich die Verträge und den Abschiedsbrief aus. Nach erfolgter Vertragserledigung mit der neuen Miss Schwarzwald holte ich eine Flasche Sekt an der Hotelbar. Da Cindy mich und den Vertrag erwartete, öffnete sie mir die Tür zu ihrem Zimmer. Sie hatte sich in der Zwischenzeit etwas beruhigt und gab sich sehr vernünftig. Ich las ihr den für sie sehr günstigen Vertrag vor und bat sie um ihre Unterschrift. Die vermeintliche Vertragskopie ließ ich nur soweit hervor stehen, damit Cindy ihre Unterschrift leisten konnte. Cindy unterschrieb damit ihren Abschiedsbrief. In ihrem Glücksgefühl, endlich einen Künstlervertrag zu haben, verspürte sie den Drang, ihr durch die Tränen verschmiertes Make-up zu erneuern. Während sie ins Bad ging, öffnete ich die Sektflasche, goss die beiden Gläser, die schon auf dem Tisch standen, voll und gab ein wenig von den K.-o.-Tropfen ins Glas von Cindy. Wir stießen gemeinsam auf den Erfolg an und leerten die Flasche. Als die Tropfen endlich ihre Wirkung zeigten, trug ich die bewusstlose Cindy ins Schlafzimmer und legte sie ins Bett. Aus dem Bad holte ich eine Duschhaube. Die drückte ich der Bewusstlosen solange auf den Mund, bis ich mir sicher war, sie ist tot. Dann legte ich den unterschriebenen Abschiedsbrief daneben, nahm den Vertrag von Cindy und verließ das Hotelzimmer.«

Das Urteil lautete 10 Jahre Haft. Die vom Staatsanwalt geforderten 12 Jahre reduzierte das Gericht aufgrund des Geständnisses um zwei Jahre. Nach der Verhandlung suchte der Kommissar wieder die Polizeidirektion auf, um seine dringend benötigte personelle Verstärkung zu monieren. Die freundliche Sekretärin des Polizeidirektors bedauerte die Abwesenheit ihres Chefs und versprach, eine Notiz mit dem Wunsch des Kommissars auf seinen Schreibtisch zu legen. Kötter gönnte sich daraufhin in einer Freiburger Brauereigaststätte ein frisch gebrautes Bier. Auf der Heimfahrt nach Triberg schwor er sich, an diesem Abend kein Gespräch seiner Mutter anzunehmen.

FREIZEITTIPPS:

34 Furtwangen. Deutsches Uhrenmuseum, Wehrgeschichtliches Museum im Kinzigtor. Freibad, Aussichtsturm Brend, Museum Gasthaus Arche, Hexenlochmühle, Hinterbauernhofmühle in Linach, Schaubrennerei Rotenbauernhof.

35 Gütenbach. ›Balzer Hergott‹ (in einem Baum eingewachsene Christusfigur), Dorfmuseum mit Großuhrwerke, Puppenmuseum, Fallers Miniaturwelten.

36 Zwei-Täler-Land Elzachtal & Simonswäldertal. Café Märchengarten mit Miniaturbauten zu Märchen (z. B. Gebrüder Grimm) in Simonswald. Baumkronenpfad und Elztalmuseum mit Drehorgeln und mechanischen Musikinstrumenten in Waldkirch, Wasseramselweg (Geschichte der Wasserkraft) in Untersimonswald.

37 Universitätsstadt Freiburg im Breisgau. Historische Altstadt mit dem romanischen, meist im gotischen Stil erbauten Münster und die in den Gassen fließenden ›Bächle‹ (Wasserläufe). Museen, Konzerthaus, Theater, Planetarium. Schlossbergbahn, Kabinen-Seilbahn auf den Schauinsland.

38 Schwenningen – Ursprung des Neckars und Teil der Doppelstadt Villingen-Schwenningen. Verschiedene Museen wie: Heimat- und Uhrenmuseum, Uhrenindustriemuseum, Bauernmuseum in

Mühlhausen sowie Ausstellungen in der Städtischen Galerie.

39 Haslach im Kinzigtal. Geburtsort von Pfarrer Heinrich Hansjakob mit dem Hansjakob-Museum im Freihof. Schwarzwälder Trachtenmuseum. Im 13. Jahrhundert Zentrum des Schwarzwälder Silberbergbaus. Bergbaumuseum im Ortsteil Schnellingen. 5,3 Kilometer langer Familien-Waldlehrpfad.

40 Bregquelle/Martinskapelle (1.078 m. ü. d. M.). Die beiden Flüsse Brigach und Breg bilden die Quellflüsse der Donau, die bei Donaueschingen zusammenfließen. Vom Quellfluss Breg, der bei der Martinskapelle entspringt, sind es genau 2888 Kilometer bis zur Donaumündung im Schwarzen Meer. In nur 100 Meter (Wasserscheide) entfernt entspringt die Elzquelle, die in den Rhein mündet. Die Martinskapelle ist ein beliebter Ausgangspunkt für Wanderer und Skilangläufer.

41 Nordic-Walking-Tour. Der Schwarzwald ist mit seinen Steigungen ideal für Nordic-Walking. Kostenlose Tourenbeschreibungen gibt es bei fast allen Touristbüros.

GEFANGEN IM TRESORRAUM

Freitag, 21. Dezember

Wütend trommelte Sigi Schwarzenbrunner an die dicke Betonwand im Tresorraum der Bank. Seine Hände bluteten bereits. Die Wut richtete sich hauptsächlich gegen sich selbst. »Wie kann man nur so blöd sein!« Er als Banker wusste doch selbst am besten, dass vor Donnerstagmorgen niemand wegen des eingestellten Zeitschlosses die schwere Stahltür zum Banktresorraum öffnen kann. Ob er dann noch lebte, konnte er im Augenblick nicht einschätzen. Wollte er überhaupt überleben? Falls er diese fast sechs Tage überstehen sollte, wartete das Gefängnis auf ihn. An diesem Tag hatte ihn der Revisor der Bank angesprochen, er müsse nach den Weihnachtsfeiertagen ein Gespräch mit ihm führen. Ihm sei eine Unregelmäßigkeit aufgefallen, der er nachgehen müsse. Für Sigi Schwarzenbrunner bestand kein Zweifel, dies bedeutete die Aufdeckung seiner Machenschaften und damit seine Verhaftung. Hätte sein Plan funktioniert, befände er sich dann längst im Ausland. Seine neue millionenschwere Freundin wäre mit diesem Raub nicht einverstanden, doch er wollte ihr als Weihnachtsgeschenk ein teures Schmuckstück schenken. Er schrie so laut er konnte und schimpfte sich selbst einen Vollidioten. Dabei war ihm klar, hier konnte ihn keiner hören. Auch sein Handy nutzte ihm nur bedingt. Aus dem Tresorraum ging kein Funksignal nach draußen, nur die Beleuchtung des Displays diente ihm in dem stockdunklen Raum als einzige Lichtquelle. Nur wie lange reichte noch die Batterieladung? Nach der abgelesenen Uhrzeit waren erst zwei Stunden in seinem selbstverschuldeten Gefängnis vergangen und schon bekam er den ersten Koller.

Kurz nach 16 Uhr nutzte er die offene Tresortür, um in den Banktresorraum zu gehen. Vorher versteckte er sich in einer der Kabinen, die neben dem Saferaum den Kunden die Möglichkeit geben, ihre entnommene metallene Safe-Schublade zu öffnen, damit sie ihre Wertsachen ungestört entnehmen oder auffüllen können. Wie immer kam nach der Schließung der Bank der Hauptkassier mit einem geschlossenen Wagen in den Tresorraum. Da die Kunden vor Weihnachten mehr Geld abhoben als einzahlten, musste er noch Geld für die Bestückung des Geldautomaten holen. Und wie ihn Schwarzenbrunner richtig einschätzte, ließ er dann für diesen Zeitraum entgegen der Anweisung die große Stahltür offen. Diesen Moment nutzte er, schlich sich aus der Kundenkabine in den Tresorraum und füllte den mitgebrachten Beutel prall mit Geldscheinen. Anschließend wollte er sich wieder in der daneben liegenden Kundenkabine verstecken. Anscheinend fehlte im Geldautomaten wenig Geld und der Hauptkassier kam vorzeitig zurück und schloss die Tresortür. Er rief ihm noch nach, doch der ältere Kassier hörte ihn nicht, nur hörte er, wie die dicken Stahlriegel der Tresortür in die Wand einrasteten. Nun war er hier gefangen. Diese Eile des Kassiers entsprach nicht seiner sonst gezeigten bedächtigen und gewissenhaften Arbeitsweise, doch wollte dieser vermutlich schnell zu den Kollegen in den Schalterraum, die nun die Weihnachtsgeschenke, die ihnen wohlwollende Kunden während der Adventszeit schenkten, untereinander verteilten.

Samstag, 22. Dezember

Um Energie zu sparen, lag Schwarzenbrunner regungslos auf dem Betonboden des Tresorraumes. Seine Gedanken kreisten um den Beginn seiner Ausbildungszeit bei der ›Black-Forest-Bank‹ in Villingen 42, die er nach seinem Realschulabschluss mit 17 Jahren begann. Über die Giro- und Sparabteilung und diversen Einsätzen bei den Bankfilialen landete er bei der Wertpapierabteilung. Dieses Spekulieren auf üppige Gewinne bereitete ihm mehr Spaß als alle anderen Bankgeschäfte. Mit den vermögenden Bankkunden verstand er sich glänzend und so stieg er bereits mit 42 Jahren zum Leiter der Wertpapierabteilung auf. Schnell gewann er das uneingeschränkte Vertrauen seiner meist älteren Kunden. Er genoss dieses Kribbeln im Bauch, ob seine Anlagetipps, welche Aktien steigen oder fallen werden, jeweils eintrafen. Jetzt mit 45 Jahren schien das Ende im Tresorraum der Bank nur noch eine Frage der Zeit zu sein. Er überlegte, ob er verhungern, verdursten oder ersticken würde, weil der Sauerstoff in diesem kleinen unbelüfteten Raum nicht ausreichen würde. Etwas Ablenkung verschafften ihm die kleinen Spiele auf seinem Handy. Doch er war sich ziemlich sicher, dass auch dem Handy irgendwann der Saft ausgehen wird. Mit den Gedanken an seine pflegebedürftige Frau, die jetzt in der Wohnung in Triberg liegen würde, schlummerte er ein.

Gegen Abend stand Danilo Kötter am Bahnhof von Triberg. Seine Mutter kam nur, weil er sich weigerte, Weihnachten in Potsdam zu verbringen. Sie befand sich nach der langen Bahnfahrt nicht gerade in weihnachtlicher Stimmung, deshalb fiel die Begrüßung etwas frostig aus:

»In welchem Hotel schlafe ich?«

»In keinem! Wenn du zwischen Weihnachten und Neujahr im Schwarzwald ein Hotelzimmer willst, dann musst du rechtzeitig buchen. Erfreulicherweise konnte ich wenigstens für den ersten Weihnachtsfeiertag einen Tisch für das Mittagessen reservieren. Du schläfst in meinem Bett!«

»Und wo schläfst du?«

»Im selben Zimmer. Mein Kollege Lothar Roth aus Hornberg bringt mir noch seine Campingliege. Ich fahre dich nun zu meiner Wohnung. Dann erstellen wir gemeinsam einen Essensplan. Ich kaufe ein, bevor die Geschäfte schließen, und du kannst auspacken und dich frisch machen.«

Als er nach dem Einkauf in die Wohnung kam, putze seine Mutter gerade die Fenster. Er enthielt sich jeder Bemerkung, aber Mütter konnten es einfach nicht leiden, wenn ihre Söhne, wie sie meinten, die Wohnung zumüllen. Dabei hatte er extra heute aufgeräumt und geputzt. Später brachte Lothar noch die Liege vorbei. Sie umarmten sich kurz und Danilo stellte ihm seine Mutter vor und lud ihn als Dank für das Bringen der Liege zum Festessen am ersten Feiertag ein.

»Sie bleibt bis Donnerstag und ich hoffe, es gibt angenehme Tage für sie und für mich. Frohe Weihnachten, Lothar, bis Dienstagmittag.«

Sonntag, 23. Dezember

Mit dem üppigen Frühstück stieg endlich auch die Laune der Mutter. Wegen dem etwas trüben Wetter schlug Danilo einen Ausflug zum Vogtsbauernhof vor. Bei der Fahrt durch Hornberg unterbrach er den Redeschwall seiner Mutter und erwähnte kurz, dass hier Lothar zu Hause sei. Direkt über die B33 erreichten sie bei Gutach das Schwarzwälder Freilichtmuseum Vogtsbauernhof 43. Das weitläufige Gelände mit den für den Schwarzwald typischen Häusern gab den beiden einen Einblick über das schwere Leben und Arbeiten der Schwarzwaldbauern in vergangenen Zeiten. Nach der Besichtigung bogen sie vor Hausach 44 rechts ab und fuhren entlang der Kinzig nach Wolfach zur Dorotheenhütte 45. Mutter Kötter begeisterte sich für die ausgestellten mit dem Mund geblasenen und handgeschliffenen Gläser, die dekorativen Vasen sowie für die glitzernden Weihnachtsdekorationen. Spontan kaufte sie Weihnachtsgeschenke und Danilo versprach, die erworbenen Christbaumkugeln vorsichtig zu transportieren und bei nächster Gelegenheit mit dem Auto unversehrt nach Potsdam zu bringen. Nach einer Stärkung im Restaurant-Café ›Hüttenklause‹ kehrten sie zurück nach Triberg.

Sigi Schwarzenbrunner fröstelte etwas in dem dunklen Tresorraum. Der Geruch seiner Notdurft aus der Ecke stieg ihm unangenehm in die Nase. Ein Hungergefühl stellte sich ein, doch schlimmer als das war sein Verlangen nach etwas zum Trinken. Seine Gedanken kreisten um seine Frau Julia. Die um zehn Jahre ältere Kollegin aus der Außenhandelsabteilung war nun schon seit über zwanzig Jahren mit ihm verheiratet. Die schönen Jahre, mit dem gemeinsamen Höhepunkt der Geburt ihrer Tochter Gloria, nahmen vor ein paar Jahren ein böses Ende. Obwohl seine Frau sich gesund ernährte, nicht trank und nicht rauchte und obwohl sie alle Vorsorgemöglichkeiten der Krankenkasse wahrnahm, fiel sie eines Tages überraschend um. Unheilbarer Gehirntumor, so lautete die Diagnose des untersuchenden Arztes. Die teuren Medikamente und später der notwendig gewordene Pflegedienst zehrten alle seine Ersparnisse auf. Auch das Studium der Tochter, die in Bamberg Orientalistik studierte, riss ein weiteres großes Loch in die Familienkasse. Als er seiner Tochter zu verstehen gab, sie solle bald möglichst ihr Examen ablegen, beschimpfte sie ihn mit den Worten: »Wenn du mich gezeugt hast, kannst du auch zahlen.« Seither war das Verhältnis zwischen Vater und Tochter gestört. Die Tochter kam kaum noch zu Besuch und die früher wöchentlichen Telefonate gingen auf ein Minimum zurück. Die Mutter bekam davon kaum etwas mit, denn ihr Zustand verschlechterte sich von Tag zu Tag, um sie schließlich in einer Art Wachkoma nur noch im Halbschlaf dahin vegetieren zu lassen. Um die anfallenden Rechnungen zu begleichen, begann er, mit dem Geld der Kunden zu spekulieren. Für diese Art von Gelderwerb bevorzugte er Witwen, deren Männer kurz vorher verstorben waren und die noch wenig Ahnung von den Geldgeschäften ihrer Männer hatten. Auch kurzsichtige Männer, die bei den zu leistenden Unterschriften durch dicke Brillengläser schauten, zählten zu seinen bevorzugten Opfern. Da die Börse sich in einem Abwärtstrend befand, fuhr er mehr Verluste ein, als ihm lieb war. Den Kunden erklärte er die Verluste mit den Risiken der Wertpapiergeschäfte. Seine Schulden stiegen ständig und da er als Bankangestellter unter einer besonderen Überwachung stand, bekam er vom Vorstand schon einen ersten schriftlichen Verweis.

Sein Durst stieg langsam ins Unermessliche. Sigi Schwarzenbrunner spürte seinen beschleunigten Herzschlag und eine erhöhte Atemfrequenz. Ein leichter Schwindel erfasste ihn. Sollte es nun zu Ende mit ihm gehen? Jetzt, wo er die Lösung seiner Geldprobleme vor Augen hatte. Sehnsüchtig dachte er an die Russin Ludmilla Malakowa. Bei einem Aktiengeschäft konnte er von einem seiner Kunden wieder über eintausend Euro Gewinn abzweigen. Mit diesem Geld besuchte er die ›Große Woche‹ mit dem Hauptrennen ›Großer Preis von Baden‹ auf der Galopprennbahn von Iffezheim [46]. Bei den Pferdewetten setzte er auf Platz oder Sieg, je nachdem, wie ihm der Name des Pferdes zusagte. Das sprichwörtliche Anfängerglück stand ihm zur Seite. Überraschend gewannen zweimal Außenseiter, auf die er gesetzt hatte und sein Geld vermehrte sich um mehr als das Doppelte. Derartig euphorisiert besuchte er in Baden-Baden [47] das Spielcasino [48]. Bei der Eingangskontrolle legte er seinen Personalausweis vor, doch der Eintritt wurde ihm zuerst verwehrt, da er nach den Vorschriften des Casinos keine angemessene Kleidung trug. Es blieb ihm nichts anderes übrig, er als Banker musste sich eine Krawatte leihen. Nun entsprechend gekleidet, setzte er sich an den Roulettetisch. Zuerst versuchte er es nur mit den Farben Rot und Schwarz. Dabei verbuchte er kleine Gewinne. Er beobachtete, wie andere Mitspieler am Tisch auf Reihen oder auf eine oder mehrere Zahlen setzten. Willkürlich setzte er nun seine Jetons auf verschiedene Felder. Wenn die Null kam, kassierte das Casino alle Jetons ein. Immer mehr schmolz sein Kapital dahin, bis er alles Geld verloren hatte. Neben ihm saß eine schon etwas ältere, teuer gekleidete und mit Schmuck behangene Dame, die ihre kontinuierlich größeren Verluste nur mit einem Lächeln quittierte. Er wollte soeben aufstehen, da spürte er ihren warmen Schenkeldruck. Sie schob ihm zehn 100-Euro-Jetons zu und ermunterte ihn zum Weiterspielen. Um diesem offensichtlichen Annäherungsversuch zu entfliehen, setzte er alle Jetons auf seine Lieblingsnummer 23. Die Kugel rollte und zu seinem Erstaunen kam die 23. Der Croupier schob ihm Jetons im Wert von

36.000 Euro zu. Damit, so war ihm bewusst, konnte er in nächster Zeit seine Frau und seine Tochter wieder mehr unterstützten. Eventuell wäre es auch eine Anzahlung für ein teures Pflegeheim. Er fühlte sich verpflichtet, seine Spenderin zu einem Drink an die Casinobar einzuladen. Im Gespräch gab sie sich als Russin zu erkennen, was er wegen der harten Aussprache längst bemerkt hatte. Sie erzählte ihm, dass sie regelmäßig zum Kuren und Spielen nach Baden-Baden komme. Geld spielte bei ihr keine Rolle. Ihr verstorbener Mann Igor Malakow verdiente Millionen im Ölgeschäft. Sie, Ludmilla Malakowa, versuche momentan viel Geld auszugeben, um ihren Kindern, die sich schon seit Jahren nicht mehr um sie kümmerten, möglichst wenig Erbe zu hinterlassen. Ihre Kinder kamen nur, wenn sie Geld wollten. Weil es regnete, bat sie ihn um eine kurze Begleitung zum Hotel. Auch im sicher erscheinenden Deutschland gehe sie ungern nachts allein durch die Straßen. Mit dem geliehenen Schirm der Spielbank gingen sie nur einen kurzen Weg zum nahe gelegenen Brenner's Park-Hotel. Die Russin schmiegte sich eng an ihn an. Am Eingang des Hotels hatte er das Gefühl, Ludmilla hätte ihn gern ins Hotelzimmer mitgenommen, doch aufgrund seines Zögerns umarmte sie ihn innig und küsste ihn rechts und links auf die Wange. Die Umarmung dieser fülligen Person erinnerte ihn an den Austausch von Zärtlichkeiten mit seiner Frau, die nun aufgrund der Krankheit nicht mehr stattfanden.

Auch er fühlte sich in seinem selbstverschuldeten Gefängnis krank. Seine Nieren schmerzten und sein

Schweißfluss und die Harnproduktion verminderten sich immer mehr.

Montag, 24. Dezember, Heiligabend

Ein herrlicher Wintertag brach an. Die Sonne schien durch den glitzernden Raureif, der dick auf den Fichten und Tannen lag. Ein Wintermärchen. Danilo Kötter fuhr mit seiner Mutter hoch zum Stöcklewaldturm und zeigte ihr im Vorbeifahren die historische Richtstätte Galgen, wo er seinen ersten Fall gelöst hatte. Auf der Höhe tummelten sich aufgrund des schönen Wetters viele Wanderer, Skilangläufer und an den Kesselbergliften frönten viele Skifahrer und Snowboarder ihrem Sport. Nach wenigen Kilometern erreichten sie Unterkirnach [49]. Vorab schon hatte sich Danilo die Winterwanderbroschüre des Ortes besorgt und so konnten sie unter sieben reizvollen Touren auf den geräumten Wanderwegen rund um Unterkirnach wählen. Mutter Kötter zog in vollen Zügen die reine Schwarzwaldluft ein und begeisterte sich für einen Winterurlaub im Schwarzwald.

»Wir waren mit Vater schon einmal im Sommer zum Wandern da, doch ein Winterurlaub im Schwarzwald hat seine eigenen Reize. Eigentlich müsste man im Sommer und im Winter kommen. Meinem Herz tut dieses Klima gut.«

Wieder zurück in der Wohnung von Danilo hörten sie am Nachmittag im Radio alte deutsche Weihnachtslieder, was nach der »amerikanischen Dauerberieselung« mit Jingle Bells und anderen Weihnachtshits während der Adventszeit ein wahrer Genuss für die Ohren war. Am Abend fanden die beiden gerade noch einen Platz bei der Christmette in der Stadtkirche von Triberg. Kaum hatte der Gottesdienst begonnen, flüsterte die Mutter aus dem evangelischen Brandenburg Danilo ins Ohr:

»Ist das katholisch?«

»Ja, Mutter«, flüsterte Danilo zurück. »Aber ich kann dich beruhigen, der evangelische Pastor und der katholische Pfarrer haben mit dem Lieben Gott einen gemeinsamen Chef.«

Auf dem Rückweg von der Kirche begann es zu schneien.

Im Tresorraum der Bank war es stockdunkel. Sein Handy, das ihm wenigsten noch den Tag und die Uhrzeit angezeigt hatte, hatte längst keinen Strom mehr. Er wusste nicht, wie viel Zeit er schon in seinem selbstverschuldeten Gefängnis verbrachte. Sein Magen- und Darmtrakt funktionierte immer weniger und als er laut ein Lied anstimmen wollte, merkte er erste Sprachstörungen. Wieder dachte er an Ludmilla Malakowa. Nach der Begegnung im Spielcasino häuften sich die Treffen mit ihr und für ihn eröffnete sich plötzlich dank der finanziellen Zuwendungen goldene Zeiten. Das Spielcasino mieden sie mehr und mehr. Mehrere Ausflüge, wie der auf die Schwarzwaldhochstraße [50], unterbrochen mit einem Spaziergang um den Mummelsee, bis nach Freudenstadt [51], steigerte seine Sympathie für die Russin und nährten den Wunsch nach einem Liebesabenteuer. Der wilde Abend in der Toni-Marshall-Stube im Fünfsterne-Hotel ›Dollenberg‹ 52, an dem Ludmilla schon etwas betrunken einen tollen Kasatschok unter dem Jubel der anwesenden Gäste auf dem Tisch tanzte, fand dann im Hotelzimmer seine Fortsetzung. Am nächsten Morgen fuhren sie mit dem hoteleigenen Shuttle zur Renchtalhütte auf der anderen Seite des Tales. Diese urige, zum Hotel ›Dollenberg‹ gehörige Hütte im Schwarzwälder Stil, begeisterte Ludmilla und sie genossen die angebotenen Schwarzwälder Spezialitäten. Mit Wehmut ging er in Gedanken nochmals alle Menüs und Getränke durch, auch die von weiteren Hotels, in denen sie ihre Liebesnächte verbrachten, doch blieb die Speichelproduktion in seinem Mund aus. Kurz vor Weihnachten kamen sie überein, gemeinsam die Millionen des Oligarchen zu verprassen. Weihnachten wollte er noch bei seiner Frau verbringen, da es schwierig sei, für diese Zeit einen Pfleger zu bekommen. Außerdem erwartete er seine Tochter zu Besuch. Am Donnerstag nach Weihnachten würde er sich mit Ludmilla am Airport Baden treffen, um gemeinsam mit ihr nach Russland zu fliegen. Dort könnten sie das orthodoxe Weihnachtsfest am Dreikönigstag gemeinsam feiern. Und dann wollte er Ludmilla mit seinem persönlichen Geschenk, einem wertvollen mit Diamanten besetzten Armband, das er in Moskau kaufen würde, überraschen. Geld hätte er genug aus dem Tresorraum. Hier gab es viel Geld, da der Hauptkassier in seiner Eile die Stahlschränke im Tresorraum nicht verschlossen hatte. Doch für das viele Geld hier konnte er sich nichts kaufen, geschweige denn konnte er es essen. Wenn die Reise nach Russland geklappt hätte, würden die Nachforschungen des Bankrevisors über seine dubiosen Geschäfte ins Leere laufen und eine Verhaftung bliebe ihm erspart. Ein Schwindel erfasste ihn. Er merkte wie langsam das Fieber immer mehr in ihm hochstieg. Durst, Durst, waren seine letzten Gedanken, bevor er wieder hinüber dämmerte.

Dienstag 25. Dezember, 1. Weihnachtsfeiertag

Fieberträume schüttelten Sigi Schwarzenbrunner. In seiner Fantasie stieg er die Treppe hoch und die Chefsekretärin begleitete ihn ins Büro des Vorstandsvorsitzenden. Dieser empfing ihn freudestrahlend und beglückwünschte ihn zum besten Aktienverkäufer der Black-Forest-Bank. Von seinem Schreibtisch nahm er ein Bündel Geldscheine und drückte ihm diese als Bonus in die Hände. Er benötigte beide Hände, um den Geldstapel zu halten. Frohgemut schritt er zur Schalterhalle hinunter. Dort fand gerade ein Banküberfall statt. Ein Mann mit einem Motorradhelm auf dem Kopf bedrohte die Bankangestellten mit einer Pistole in der Hand. Er warf ihnen einen Leinenbeutel zu mit der Aufforderung, diesen mit Geldscheinen zu füllen. Die Angestellten schüttelten nur den Kopf. Soviel Geld hätte nur der Hauptkassier und da käme man aufgrund der Sicherheitsvorkehrungen nicht heran. Sie könnten ihm nur eine kleine Summe geben, weil sonst das Sicherheitssystem an ihrem Schalter die Geldausgabe sperre. Sigi Schwarzenbrunner sah sich nun selbst in Aktion treten. Mit Kennerblick erkannte er, dass der Bankräuber nur eine Wasserpistole in der Hand hatte. Er bot ihm sein Bündel Geld für die Wasserpistole an. Der Bankräuber erklärte sich einverstanden und als er gerade den Lauf der Pistole in den Mund steckte und Wasser spritzen wollte, war sein Traum zu Ende.

Das dichte Schneetreiben durchkreuzte Danilos Plan für eine Pferdeschlittenfahrt. Er befürchtete, Lothar könnte das gemeinsame Mittagessen absagen. Doch dieser kam pünktlich. Nach dem Studium der Speisenkarte und auf Empfehlung von Lothar bestellten alle drei: Badisches Schneckensüpple, Rehrücken Baden Baden mit Spätzle, Birne und Preiselbeeren sowie ein Kirschparfait als Nachtisch. Obwohl zum Rehbraten besser ein Rotwein passt, bestand Mutter Kötter auf einem Weißwein. Der Kellner empfahl ihnen einen Umweger ›Stich den Buben‹, einen Riesling von der Baden-Badener Winzergenossenschaft, der in einer Bocksbeutelflasche kredenzt wurde. Die Winzergenossenschaft darf trotz des Protestes aus dem Frankenland diese Flaschenform verwenden. Nach dem Espresso bedankte sich Lothar für die Einladung und bat um Verständnis, warum er sofort wieder nach Hornberg zurückfahren würde. Er sei sich nicht sicher über den späteren Straßenzustand. Nach einem kurzen Spaziergang im dichten Schneetreiben machten es sich Mutter Kötter und Danilo in der warmen Wohnung bequem.

»Sag mal Danilo, hast du noch Kontakt zu Sabine?«

»Nein, warum?«

»Mit einer gewissen Sorge stelle ich fest, Damenbekanntschaften sind hier wohl Fehlanzeige. Ich höre dagegen nur Lothar, Lothar. Bis du jetzt im Schwarzwald schwul geworden?«

»Aber Mutter, schwul wird man nicht, schwul, diese Veranlagung hat man schon bei der Geburt. Mich ärgert es, wenn Leute Vorurteile gegen Schwule hegen. Toleranz ist nämlich, wenn man anderen das Anderssein gestattet. Zu deiner Frage, ich bin mir sicher, ich finde noch das richtige Schwarzwaldmädel.«

»Du bist 35 Jahre und verpass ja nicht den richtigen Zeitpunkt. Ich hätte gern Enkelkinder. Doch wie heißt es schon in der Operette: ›Mädle aus dem schwarzen Wald, die sind nicht leicht zu haben‹.«

»Mutter, Schwarzwälderinnen sind nicht anders als andere Frauen.«

Weil ihm dieses Thema unangenehm wurde, schaltete Danilo das Fernsehgerät ein.

Sigi Schwarzenbrunner erwachte kurz aus seinem Delirium auf. Er machte sich Sorge um seine Frau. Aber Gloria, seine Tochter, würde ihrer Mutter sicher über die Weihnachtsfeiertage die notwendige Nahrung mit der Magensonde einflößen. Er dachte den Satz nicht zu Ende und versank wieder in eine tiefe Ohnmacht.

Mittwoch, 26. Dezember, 2. Weihnachtsfeiertag

Bei strahlendem Wetter genossen Mutter und Sohn am Vormittag die Pferdeschlittenfahrt. Am Nachmittag besichtigten sie gegenüber vom Haupteingang der Wasserfälle das Triberger Schwarzwaldmuseum **53**. Nach dem Besuch der barocken Wallfahrtskirche ›Maria in der Tanne‹ besuchten sie den Triberger Weihnachtszauber **54**, ein besonderes Lichterspektakel, das die beiden sehr beeindruckte. Für die Mutter war dieses Highlight ein schöner Abschluss ihres Weihnachtsbesuches.

Donnerstag, 27. Dezember

Gegen 8.30 Uhr verabschiedete Danilo Kötter seine Mutter auf dem Bahnsteig von Triberg. So gerne er die Mutter kommen sah, so sehr sehnte er ihre Abreise herbei. Den Hauptgrund für diese Sehnsucht verursachte sein schmerzender Rücken. Endlich konnte er am Abend wieder in seinem Bett schlafen. Die Campingliege von Lothar hatte endlich ausgedient.

»Mutter, es waren schöne und ruhige Tage mit dir. Gottlob gab es keine Kriminalfälle. Sobald ich kann, besuche ich dich.«

Gerade als Mutter in den Zug stieg, klingelte sein Handy:

»Herr Kötter, hier spricht die Kriminalpolizei Villingen. Aus dem Tresorraum der Black-Forest-Bank holten wir gerade eine Leiche ab. Der Hauptkassier fand seinen Kollegen beim Öffnen des Tresorraums. Die Bankmitarbeiter gaben dem Kassier die Schuld. Durch seine Unachtsamkeit war ein beliebter Kollege während der Weihnachtsfeiertage im Tresorraum der

Bank verhungert und verdurstet. Die Bankmitarbeiter informierten uns, es handelt sich um den Kollegen Schwarzenbrunner. Seine Frau und die Tochter stammen aus Triberg. Bitte fahren Sie zur Wohnung und überbringen Sie diese schlechte Nachricht. Hier ist die Adresse.«

In der einen Hand das Handy am Ohr und mit der anderen Hand der Mutter im abfahrenden Zug nachwinkend, lief er zum Auto und fuhr zu der angegebenen Adresse.

Auf sein Klingeln hin öffnete sofort ein Mann. Kötter zeigte seinen Ausweis, und der Mann gab sich als Pfleger zu erkennen.

»Gut, dass Sie kommen. Ich wollte soeben die Polizei anrufen. Normalerweise, wenn ich aus dem Auto steige, kommt mir Herr Schwarzenbrunner bereits entgegen, weil er sofort zur Bank muss. Heute kam ich etwas verspätet an und niemand öffnete mir die Tür. Für derartige Fälle besitzen wir die Haustürschlüssel aller unserer Pflegepatienten. Ich schloss auf und fand Frau Schwarzenbrunner tot im Bett liegen. Man hatte sie einfach verdursten lassen. Normalerweise komme ich jeden Tag von Montag bis Freitag, um die im Wachkoma liegende Frau zu pflegen. Vor Weihnachten gab mir ihr Mann ein Geschenk und verabschiedete mich bis zum Donnerstagmorgen, weil er über diese Tage, wie sonst am Wochenende, sich selbst um die Pflege kümmern wollte. Außerdem erwartete er noch seine Tochter zu Besuch.«

Kommissar Kötter notierte sich die Aussage und sah sich in der Wohnung um. Neben dem Telefon hing ein Telefonverzeichnis auf dem an erster Stelle die Nummer der Tochter stand. Spontan rief Kötter an. Es meldete sich eine junge weibliche Stimme mit »Hallo«.

»Spreche ich mit Gloria Schwarzenbrunner?«

»Ja was gibt's?«

»Hier spricht Danilo Kötter von der Kriminalpolizei Triberg.«

»Ja, und?«

»Frau Schwarzenbrunner, können Sie umgehend nach Triberg kommen, es gibt schlechte Nachrichten.«

»Das passt mir im Moment absolut nicht. Mein Freund und ich kamen gestern Abend erst von einem Badeurlaub aus Ägypten zurück und morgen wollen wir noch drei Tage zum Skilaufen in die Alpen.«

»Ich sage es ungern am Telefon, aber Ihre Eltern sind leider beide verstorben.«

»Verrückt! Beide! So wie ich meine Heimatstadt Triberg kenne, finden die Beerdigungen frühestens nach vier bis fünf Tagen statt. Bis dahin bin ich in Triberg.«

»Wo nehmen diese jungen Leute nur ihre soziale Kälte her«, dachte Kötter. Am Telefon sagte er:

»Frau Schwarzenbrunner, es wäre besser Sie kämen gleich und ein privater Tipp von mir, vielleicht streichen Sie den Skiurlaub und verwenden dieses Geld besser für ihr Studium. Ihr Vater kann Sie nicht mehr unterstützen.«

»Ach was, dann kommt eben der Staat auf.«

Bevor Kommissar Kötter wütend antworten konnte: »Und was tust du für den Staat«, drückte die junge Frau die Austaste.

Gegen 9.00 Uhr ging bei der Telefonzentrale der Bank ein Anruf ein. In einem harten Deutsch verlangte die Anruferin Herrn Schwarzenbrunner zu sprechen. Auf die Mitteilung der Telefonistin, dass der Kollege Schwarzenbrunner vorher tot aus der Bank getragen wurde, hörte sie nur noch einen Schrei, bevor die Telefonleitung unterbrochen war.

FREIZEITTIPPS:

42 Villingen. Teil der Doppelstadt mit Schwenningen. Sehenswerte Altstadt mit den vier gekreuzten Straßen und dem Liebfrauenmünster. Kurgebiet. Uhrenindustriemuseum.

43 Schwarzwälder Freilichtmuseum Vogtsbauernhof. Insgesamt sechs vollständig eingerichtete Schwarzwälder Bauernhöfe, ein Taglöhnerhaus und 15 Nebengebäude, wie Mühle, Sägen, Speicher und ein Leibgedinghaus.

44 Hausach. Die Schwarzwald-Modellbahn im Maßstab 1:87 gilt als größte Modellanlage nach realem Vorbild in Europa, Bergbau-Freilichtmuseum Erzpoche, Freibad, Hallenbad.

45 Dorotheenhütte. Glashütte mit Glasblasen für Besucher, Weihnachtsdorf, Museum, Gläserland mit Verkaufsshop.

46 Galopprennbahn Iffezheim. Pferdesport auf höchstem Niveau mit dem Frühjahrsmeeting und der Galopprennwoche im August.

47 Baden-Baden. Weltbekannte Kur- und Bäderstadt mit Friedrichsbad, Römerbad und Caracalla-Therme. Zahlreiche Museen und Ausstellungen wie das Museum von Frieder Burda. Kurhaus, Trinkhalle mit romantischen Wandbildern, Lichtentaler Allee, Festspielhaus.

48 Spielcasino. Das Casino mit seinen berühmten Prunksälen zählt zu den schönsten Casinos der Welt. Führungen finden jeweils vormittags statt.

49 Unterkirnach. Kirnachmühle, Wildpflanzenpark, Kinderbauernhof, Hallenbad.

50 Schwarzwaldhochstraße. Älteste Ferienstraße Deutschlands von Baden-Baden bis Freudenstadt. Ideales Gebiet für Wanderer und Skilangläufer. Schöner Spazierweg um den fast kreisrunden Mummelsee.

51 Freudenstadt. Heilklimatischer und Kneipp-Kurort. Großer Marktplatz, Kurhaus und Kongresszentrum, Besucherbergwerk, Erlebnismuseum Experimenta.

52 Hotel Dollenberg. Luxus-Hotel mit kulinarischen und Wellness-Angeboten idyllisch über Bad Peterstal-Bad Griesbach gelegen.

53 Triberger Schwarzwaldmuseum. Schwarzwalduhren, Musikautomaten, Trachten, Mineralienstollen, Groß-Diorama der Schwazwaldbahn.

54 Triberger Weihnachtszauber. Zwischen Weihnachten und Neujahr werden die Wasserfälle, die Naturbühne und das Kurhaus mit 900.000 Lichtern beleuchtet. Weihnachtsdorf, lebende Krippe, Weihnachtszauber-Kinderland, Feuershow, Feuerwerk. Öffnungszeiten von 15 bis 21 Uhr.

KAMPF UM DEN SCHWARZWALD-POKAL

»Danilo, die Arme schön durchschwingen und Schlittschuhschritt! So ist es richtig!«

Lothar hatte sich bereit erklärt, seinem Kollegen den Skilanglauf beizubringen. Zwei Vorsätze nahm sich Danilo Kötter an Silvester vor. Er würde der Polizeidirektion in Freiburg so lange auf die Nerven gehen, bis endlich eine personelle Verstärkung käme. Der zweite Vorsatz betraf seine mangelnde sportliche Aktivität. Auf Anraten von Lothar lieh er sich eine Langlaufausrüstung und traf sich mit ihm nach Dienstschluss an der Schindelhütte im Rothaus-Loipenzentrum 55 bei Schönwald. Lothar hatte ihm geraten, die ersten Schritte ohne Stöcke zu versuchen. Und auf Anhieb bekam er das richtige Gefühl für das Gleiten in der Spur, das er kurz darauf auch mit den Skistöcken richtig unterstützen konnte.

»Das ist eigentlich nicht so schwer wie es ausschaut!«

»Wer gehen kann, kann auch langlaufen. Du musst nur nach vorne gleiten. Aber warte nur mal ab, wenn du einen steileren Hang hinunter fährst. Dann wird es schwierig. Da die Langlaufskier keine feste Kanten wie die Abfahrtsskier haben, kannst du nicht abschwingen, sondern du musst trippeln. Komm mit mir übermorgen mit zum Schwarzwaldpokal 56, dann siehst du, wie die Profis fahren.«

Danilo machte dieser Sport richtig Spaß. Bewegung in frischer Luft und das Dahingleiten durch die schöne

Winterlandschaft, dabei stellte sich bei ihm ein richtiges Urlaubsgefühl ein. Mit Lothar verabredete er sich für die Topveranstaltung in Schonach.

In Schonach begann der FIS Weltcup der Nordischen Kombination um den Schwarzwaldpokal. Leider war in diesem Jahr der Lokalmatador Jörg Wackernagel vom Skiclub Schonach nicht am Start. Er, der jedes Jahr diesen Pokal gewonnen hatte, war für zwei Jahre wegen Dopings gesperrt. Damit galt Toni Bergmann vom Skiclub Partenkirchen als der klare Favorit. Viele Zuschauer wollten trotz der Übertragung im Fernsehen den Wettbewerb live erleben. Darunter auch der gesperrte Jörg Wackernagel und die beiden Kriminalbeamten Danilo Kötter und Lothar Roth. Wackernagel hatte sich in der Silvesternacht geschworen, dass er bei dieser Gelegenheit endlich Klarheit gewinnen würde, wer ihm und auf welche Art das Dopingmittel untergeschoben hatte. Bereits als Zehnjähriger galt er in seinem Verein als Jahrhunderttalent. Seinem Vorbild, Olympiasieger und Weltmeister Georg Hettich vom gleichen Skiclub, verdankte er viele Tipps für seine Sprung- und Lauftechnik. Auch Alexander Herr aus dem Nationalkader der deutschen Skispringer vermittelte ihm letzte Feinheiten. So wurde er bald in den Jugendkader des deutschen Skiverbandes berufen. Hier traf er auf den ehrgeizigen Toni Bergmann aus Bayern. Die beiden Typen konnten nicht unterschiedlicher sein: er der Schwarzwälder, eher introvertiert, dagegen der strahlende Sonnyboy aus Garmisch-Partenkirchen, den spontan alle sympathisch fanden. Dennoch entstand im Lauf der Jahre neben der Rivalität doch so etwas wie eine Kameradschaft. Während der Schonacher nicht nur in der Jugend sondern auch in der inzwischen erreichten Nationalmannschaft mehr Siege errang, hatte der Bayer mehr Glück bei den Damen.

Vor zwei Jahren beim Weltcup in seinem Heimatort Schonach begann sein Abstieg. Wie immer gewann er den Schwarzwaldpokal. Der anschließenden Dopingkontrolle, die für den Sieger obligatorisch ist, unterzog er sich mit der Gewissheit, keine Aufputschmittel, die eine erhöhte Aktivität des Zentralnervensystems zur Folge haben, eingenommen zu haben. Die Einnahme von Amphetaminen, Ephedrin oder sogar Kokain brauchte er zur Leistungssteigerung nicht. Nach dem Urinieren in Sichtweite einer Kontrollperson lieferte er den gewünschten vollen Messbecher ab. Der Dopingkontrolleur füllte den Urin in eine A- und eine B-Flasche und verschloss diese weisungsgemäß, so dass diese Flaschen nur durch die Zerstörung des Verschlusses geöffnet werden konnten. Nach seiner geleisteten Unterschrift, dass die Kontrolle korrekt gelaufen war, stellte er sich den Sportreportern zum Interview. Die Siegerehrung, bei der seinem Konkurrenten Toni Bergmann die Silbermedaille überreicht wurde, genoss er sehr. Anschließend fuhren die deutschen Sportler gemeinsam ins Mannschaftsquartier. Hier, in ihrem Stammquartier ›Schöne Aussicht‹, machte sich jeder frisch und beteiligte sich an der vom Verband ausgerichteten Siegesfeier in einem Nebenzimmer des

Hotels. Wie schon so oft, fehlte auch dieses Mal wieder der Toni aus Bayern.

Zum Frühstück kam Toni Bergmann frohgelaunt an den Tisch, setzte sich zu seinem Kontrahenten und prahlte:

»Du hast zwar gestern wieder den Schwarzwaldpokal gewonnen, doch ich holte in der Nacht den Damenpokal vom Schwarzwald. Der hatte mir noch gefehlt. Überall bei unseren Starts in Skandinavien, Österreich, Frankreich, Polen, Russland und sogar in den Vereinigten Staaten von Amerika konnte ich eine Dame flachlegen. Gestern Abend war es besonders einfach. Ich duschte und kam nur mit einem Handtuch bekleidet aus dem Bad und wollte mich anziehen, um an der Siegesfeier teilzunehmen. Dabei überraschte ich ein Zimmermädchen, das mich wohl schon bei der Feier wähnte. Sie drapierte gerade ein Handtuch in Elefantenform aufs Bett. Als sie mich sah, erschrak sie. Doch dann bat sie mich geistesgegenwärtig um ein Autogramm. Scherzhaft antwortete ich, nur wenn ich einen Kuss dafür bekomme. Sie willigte ein und hielt mir ihren Mund entgegen. Du kannst dir vorstellen, wie es dann abgelaufen ist. Es wurde eine heiße Nacht.«

Jörg Wackernagel zeigte wenig Interesse an diesen schon öfter von Toni gehörten Sexabenteuer und antwortete auf seine Frage, wie denn die Dopingkontrolle gelaufen sei:

»Natürlich gut, wie immer!«

Umso erstaunter war er, als er wenige Wochen später die Mitteilung des Verbandes bekam, seine A-Probe sei im Labor für positiv befunden worden und er solle zum genannten Termin bei der Öffnung der B-Probe in Anwesenheit eines Verbandsvertreters dabei sein. Der Laborant präsentierte die verplombte B-Flasche und zerstörte den Verschluss. Auch die Analyse der B-Probe ergab einen Doping verseuchten Urin. Als er seine Unschuld mit allen Eiden beschwor, lächelte der Laborant nur und meinte: »Dann war es wohl die Zahnpasta.« Die Auswirkungen dieses Dopingfalles erwiesen sich in der Folge als verheerend. Bei der Bundeswehr, bei der er als Sportsoldat ständig trainieren konnte, musste er nun normalen Wehrdienst verrichten. Daraufhin verließ er die Bundeswehr. Der Skiverband sperrte ihn für zwei Jahre und erkannte ihm den Sieg beim Schwarzwaldpokal ab. Redakteure in allen deutschen und in vielen internationalen Zeitungen ergingen sich in Schmähartikeln. Diskussionen über den Dopingmissbrauch mit ihm als Negativbeispiel eines bisher bewunderten Sportidols beherrschten im Fernsehen die Talkshows. Geldliche Zuwendungen von der Sportförderung hörten abrupt auf. Seine Sportkameraden und die Clubmitglieder und selbst sein Vater, der ihn bisher immer unterstützt hatte, mieden den Kontakt mit ihm. Der lukrative Werbevertrag über 100.000 Euro, den er erst zwei Wochen vorher mit der Firma Schwarzwaldmilch abgeschlossen hatte, dürfte aufgrund der Dopingklausel im Vertrag hinfällig sein. Sicher stoppten auch noch die anderen Werbepartner die Auszahlung der vereinbarten Werbegelder. Nächtelang sinnierte er, woher das Dopingmittel stammen könnte, doch die Antwort dazu blieb ihm versagt. Er wollte schon letztes Jahr ein Gespräch mit seinen ehemaligen Wettkämpfern vom Nationalteam führen, doch leider fiel diese Veranstaltung wegen Schneemangels aus. Trotz der zweijährigen Sperre trainierte er fleißig, denn seine Ausbildung hatte er vor Jahren zu Gunsten des Sports abgebrochen und außer Skispringen und Skilaufen konnte er nicht viel. Einige Athletinnen aus dem Schwarzwald ließen sich neuerdings von ihm trainieren, da sie nun auch internationale Wettkämpfe absolvieren durften. Auch als Skilehrer gab es den einen oder anderen Euro. Bei einem dieser Kurse, an dem das Zimmermädchen Lilly Scheidacher vom Hotel ›Schöne Aussicht‹ teilnahm, erfuhr er, dass das damalige Liebesabenteuer von Toni Bergmann Folgen hatte. Nach Aussage der Kursteilnehmerin verweigerte Toni standhaft, die fälligen Alimente zu zahlen. Jörg Wackernagel wusste schon immer vom miesen Charakter seines Kontrahenten.

Lothar zeigte Danilo an der Langenwaldschanze von Schonach den früheren Kombinierer Jörg Wackernagel, der sich diesen Wettkampf nicht entgehen lassen wollte.

»Schade, dass unser Champion nicht teilnehmen darf. Der Sieg ging immer in den Schwarzwald. Aber nun ist er leider wegen Dopings zwei Jahre gesperrt. Schade eigentlich! Er galt für die gesamte Region als Aushängeschild. Nun gewinnt natürlich der Bayer. Diese Zweikämpfe der beiden bedeuteten einfach Spannung pur.«

Trotz der fehlenden Spannung verfolgten sie interessiert das Skispringen und später den Skilanglauf. Da

das Springen wegen zu starkem Wind kurzzeitig unterbrochen wurde, kamen aus den Lautsprechern Musik und kurze Werbedurchsagen. Bei der Werbung für Schwarzwälder Spezialitäten schoss Jörg Wackernagel plötzlich ein Verdacht durch den Kopf. Hatte nicht Toni in der Pause zwischen dem Skispringen und dem Langlauf im Mannschaftscontainer allen eine Schwarzwälder Kirschtorte angeboten? Er versuchte, sich die Szene von damals in Erinnerung zu rufen. Toni packte aus seiner Sporttasche eine Neuheit aus, eine Schwarzwälder Kirschtorte in der Dose. Er erklärte, diesen Kuchen in der Dose habe ein Bäcker aus St. Peter [57]
kreiert. Er sei mit echtem Schwarzwälder Kirschwasser gebacken. Der Geschmack sei allerdings leicht verändert, da wegen der Haltbarkeit keine Sahne verwendet werde. Alle lachten, als er die 400g-Dose verkehrtherum hinstellte. Das Etikett mit dem Schwarzwaldmädel und dem Schwarzwaldhaus standen Kopf. Toni drehte die Dose um und öffnete den Vakuumdeckel. Er verteilte kleine Plastikgabeln und forderte ihn als Schwarzwälder auf, die Torte als Erster zu probieren. Er sträubte sich, doch Toni nahm sein Handgelenk und drückte seine Hand mit der Gabel in den Kuchen. Die Gabel durchbohrte den lockeren Kuchen und der damit aufgespießte Teil schmeckte erstaunlicherweise wie eine echte Schwarzwälder Kirschtorte. Toni drehte nun die Dose um und stülpte die Torte auf einen Plastikteller. Alle mussten nun die Torte probieren, jeder aber nur eine Gabel voll. Als die Torte etwa zur Hälfte gegessen war, stoppte Toni das Kuchenessen mit der Bemerkung, er möchte auch noch etwas haben

und packte die restliche Torte in einen Plastikbeutel in seine Tasche. In der Torte könnte das Dopingmittel gewesen sein. Nach einigen Überlegungen kamen ihm aber dennoch Zweifel. Alle haben davon gegessen, nur er wurde positiv auf Doping getestet. Nochmals ging er den Wettbewerb vom vorletzten Jahr durch. Wie immer hatte er nach dem Skispringen die Führung übernommen. Beim 10-km-Langlauf kam ihm Toni Bergmann immer näher. War es die Torte in seinem Magen oder hatte sich der Servicemann beim Wachsen der Skier vertan? Der Bayer kam ihm immer näher und wollte ihn gerade überholen. Erstmals wäre er Gewinner des Schwarzwaldpokals. Zu seinem Erstaunen oder war es Absicht, ließ ihn sein Konkurrent beim Zielsprint als Erster die Ziellinie überqueren. Wollte er ihn gewinnen lassen? Jeder der Athleten wusste, der Erste musste immer zur Dopingkontrolle. Der Gedanke, dass in der Schwarzwaldtorte das Dopingmittel versteckt war, ließ ihn nicht mehr los. Nach dem Wettbewerb wollte er Toni zur Rede stellen.

Nach dem Springen auf der Langenwaldschanze fand nach einer Pause der Langlaufwettbewerb über 10 Kilometer im Skistadion Wittenberg statt. Lothar und Danilo verfolgten mit Interesse den Kampf der Läufer auf der 4 x 2,5 km langen Rundstrecke. Mit großem Vorsprung siegte Toni Bergmann vom Skiclub Partenkirchen. Nach der Siegerehrung verabschiedeten sich Lothar und Danilo und sahen gerade noch Toni Bergmann im Gespräch mit einer Skispringerin, die im orangefarbenen Dress der holländischen

Nationalmannschaft am Ladies-Cup teilgenommen hatte.

»Aha«, sagte Lothar, »der als Weiberheld bekannte Champion sucht sich wohl ein neues Opfer.«

In diesem Moment trat Jörg Wackernagel auf Toni zu, der soeben der attraktiven Sportlerin etwas ins Ohr flüsterte. Als Wackernagel näher kam, entfernte sich die Holländerin schnell. Dem Anschein nach gab es dann zwischen Bergmann und Wackernagel einen heftigen Disput, bis sich beide in Richtung Parkplatz entfernten.

»Lothar, sehen wir uns nächste Woche zu einer Langlauftour?«

»Leider nicht! Ich habe zur Zeit sehr viel Arbeit und außerdem möchte ich noch für den ›Rucksacklauf um den Wäldercup [58]‹ trainieren, der über 100 Kilometer von Schonach bis zum Belchen [59] geht. Kauf dir doch einfach eine Loipenkarte vom Ferienland, dann hast du die Auswahl zwischen 33 Loipen hier in der Region. Irgendwann habe ich sicher wieder Zeit für dich.«

Nur widerstrebend stieg Toni Bergmann ins Auto von Wackernagel. Schweigend fuhren sie in Richtung Wilhelmshöhe. Im Wald angekommen, bog Wackernagel plötzlich in einen Waldweg ein.

»Jörg, was soll das? Ich bin nur mit dir mitgefahren, weil du mir von dem Zimmermädchen erzählen wolltest, das angeblich von mir ein Kind bekommen hat. Diese Schlampe sucht nun einen Vater und ich bin natürlich mit meinem Einkommen durch die Werbeverträge ihr bevorzugtes Opfer. Ihr Rechtsanwalt nervt mich schon länger mit seiner Aufforderung, mich einem Vaterschaftstest zu unterziehen. Aber ohne gerichtliche Aufforderung lehne ich das entschieden ab.«

»Nein, Toni! Mir geht es um etwas ganz anderes. Obwohl meine zweijährige Dopingsperre bald abläuft und das Siegen für dich dann schwerer sein wird, möchte ich Klarheit haben, wer mir das Dopingmittel untergejubelt hat. An das Naheliegendste hatte ich bisher nicht gedacht. Bei den Werbedurchsagen während des Skispringens kam mir die wahrscheinliche Lösung. Dir habe ich das Kokain, das bei der Dopinganalyse gefunden wurde, zu verdanken. Die Schwarzwälder Kirschtorte in der Dose hattest du bewusst manipuliert, um an meine Werbeeinnahmen zu kommen.«

»Schmarrn! Alle haben von der Torte gegessen.«

»Das ist richtig! Nur habe ich als einziger vom Kuchen an der Oberseite der Dose gegessen und du hast meine Hand direkt zu der Stelle geführt, wo du das Kokain versteckt hattest. Wenn du mir es jetzt gestehst, passiert nichts. Wenn du jetzt aber leugnest, erzähle ich der Presse von deinem Kokainkonsum. Erinnerst du dich noch an unser Trainingslager in Nordfinnland. Die Dopingkontrolleure nahmen die Proben und als diese wieder weg waren, bekam ich deine Einladung, auch Kokain zu schnupfen. Als die Kontrolleure weg waren, warst du dir sicher, in den nächsten Wochen fänden keine Kontrollen mehr statt. Also gib es zu, sonst ist deine sportliche Karriere am Ende.«

»Versprichst du mir, meine gelegentlichen Kokaineinnahmen geheim zu halten?«

»Ehrenwort!«

»Okay, du hast mit deiner Tortenvermutung recht. Genial, nicht wahr? Aber nun bring mich zum Hotel.«

Am Hotel angekommen, stieg Toni Bergmann aus. Jörg Wackernagel hatte nach diesem Geständnis das Bedürfnis nach einem Schnaps. Während er einparkte, sah er wie das Zimmermädchen, das er vom Skikurs her kannte, mit einem Kleinkind auf dem Arm vor dem Hoteleingang auf Toni zuging und ihn anschrie. Dieser machte nur eine abwehrende Geste und verschwand im Hotel. Wackernagel ging ebenfalls ins Hotel und setzte sich in eine Ecke, damit er von seinen ehemaligen Kameraden des Nationalteams nicht gesehen werden konnte, wenn diese zu ihrer Siegesfeier durchs Lokal ins Nebenzimmer gingen.

Kommissar Kötter wollte gerade wieder eine E-Mail an die Polizeidirektion Freiburg schreiben, wann endlich seine personelle Verstärkung eintreffen würde, da meldete sich der Polizeiposten von Triberg:

»Herr Kommissar, wir bekamen soeben einen anonymen Anruf, dass der bekannte Kombinierer und Sieger des Schwarzwaldpokals Toni Bergmann tot im Badezimmer des Hotels ›Schöne Aussicht‹ liegt. Fahren Sie bitte sofort hin und überprüfen Sie diese Meldung.«

Am Hotel angekommen, stieg gerade Lothar aus dem Auto.

»Was machst du denn hier?«

»Der Hotelier hat uns gemeldet, Toni Bergmann ist anscheinend im Hotel ermordet worden. Wenn das stimmt, kommt in den nächsten Stunden eine Schar von Presseleuten hierher. Das gibt eine internationale Sensationsmeldung. Aber was machst du hier? Doch nicht wegen diesem Fall? Du weißt, das ist Hornberger und nicht Triberger Revier.«

»Na, wir werden doch jetzt nicht in den Wettstreit treten, wer diesen Fall, wenn es einer ist, lösen wird.«

»Gut, komm mit! Lass uns den Tatort besichtigen.«

Im Badezimmer lag der Skichampion tot in der Wanne. Mit ihm lag auch noch der Hotelfön im Wasser. Das Fönkabel steckte in der Steckdose und die Schnurr reichte gerade so bis zur Wanne.

»Klarer Fall von Unfall«, sagte Lothar.

»Na ja, so blöd kann Bergmann nicht gewesen sein, dass er sich in der Badewanne fönte«, erwiderte Danilo. »Ich tippe auf Mord oder Selbstmord! Wer hat den Toten eigentlich gefunden?«

»Der Hotelier sagte mir am Telefon, der Trainer wollte ihn zur Siegesfeier holen, da stand die Zimmertür etwas offen und er fand dann den Toten.«

Kommissar Lothar Roth ging ins Nebenzimmer, in dem den Athleten einschließlich des Trainers und der Serviceleute das Feiern inzwischen vergangen war. Kommissar Kötter nahm inzwischen an der Bar des Hotels Platz und entdeckte dabei Jörg Wackernagel.

Kötter wies sich aus und fragte: »Was tun Sie denn hier?«

»Darf man hier nicht einmal in Ruhe einen Schnaps trinken? Ich habe nur Toni Bergmann ins Hotel gefahren und einen Schnaps sowie ein großes Glas Apfelschorle getrunken. Damit kann ich doch noch Auto fahren, oder?«

»Damit schon, aber ich fürchte, Sie müssen mir und meinem Kollegen noch Rede und Antwort stehen, denn Toni Bergmann ist vermutlich vor etwa einer Stunde in seinem Zimmer ermordet worden.«

Jörg Wackernagel erbleichte. »Gut, ich halte mich zur Verfügung.«

Kommissar Roth kam aus dem Nebenzimmer und berichtete seinem Kollegen das Ergebnis der Befragung.

»Sie wollten den Sieg von Toni Bergmann feiern, doch der fehlte. Der Trainer machte sich auf die Suche und fand ihn tot im Badezimmer. Auf die Frage, ob er sonst noch irgendetwas Verdächtiges bemerkt hätte, erinnerte er sich an zwei Frauen, die sich eilig auf dem Hotelflur von ihm entfernten. Er hatte die Frauen nur von hinten gesehen. Die kamen auch nicht gemeinsam, sondern kurz hintereinander. Ganz sicher war er sich nicht, doch die Zweite könnte eine holländische Skispringerin vom Ladies Cup gewesen sein. Die hatte nur wenig an und einige Kleider in der Hand. Auch meinte er, als er an der Wäschekammer vorbeiging, hätte er ein kleines Kind wimmern hören.«

Danilo zeigte auf Wackernagel, der wartend in der Ecke Platz genommen hatte.

Lothar zeigte sich begeistert, dass er sein Sportidol befragen durfte.

»Herr Wackernagel, was können Sie uns berichten?«

»Ich habe Toni nach seinem Sieg im Schwarzwaldpokal angeboten, ihn ins Mannschaftsquartier zu fahren. Als er ausgestiegen war, sah ich noch, wie Lilly Scheidacher, die ich vom Skikurs her kenne, mit ihrem

Kind auf dem Arm auf Toni zuging und ihn anschrie. Sie müssen wissen, Lilly behauptet, das Kind sei von Toni. Der hat mir vor zwei Jahren selbst von der heißen Nacht erzählt, die er mit dem Zimmermädchen erlebte.«

Das Zimmermädchen, das laut Hotelier keinen Dienst hatte, war nicht auffindbar und Kötter erklärte sich bereit, die in Schönwald wohnende Lilly Scheidacher zu verhören. Danilo Kötter ließ sich vom Hotelier die Privatadresse des Zimmermädchens geben und fuhr nach Schönwald. Sie brachte ihr Kind noch ins Bett und erklärte sich bereit zum Verhör.

»Frau Scheidacher, Sie wurden von Herrn Wackernagel gesehen, als Sie auf Herrn Bergmann vor dem Hoteleingang zugingen und ihn anschrien.«

»Dieser Schuft, erst macht er mir ein Kind und jetzt streitet er die Vaterschaft ab. Dabei kann nur er es gewesen sein. Nach außen spielt der den Sonnyboy der Nation, aber Herr Kommissar, das ist ein richtiger Nichtsnutz.«

»Haben Sie ihn noch auf seinem Zimmer aufgesucht?«

»Ich wartete, bis ich mir sicher war, dass er bei der Siegesfeier ist. Mein Kind legte ich in der Wäschekammer ab. Dann schlich ich zum Hotelzimmer. Aus dem Belegungsplan der Rezeption hatte ich mir schon am Morgen, als ich Dienst hatte, die Zimmernummer gemerkt. Als ich an der Tür horchte, hörte ich nichts. Mit meinem Generalschlüssel öffnete ich die Tür. Alles war ruhig.«

»Und was wollten Sie da?«

»Endlich einen Beweis für die Vaterschaft. Ich hatte mir vorgenommen, aus der Haarbürste im Badezimmer Haare für eine DNA-Analyse zu besorgen. Leise öffnete ich die Badezimmertür. Toni badete gerade und eine splitternackte Frau stand vor dem Spiegel. Als sie mich sah, stieß sie einen spitzen Schrei aus. Darauf flüchtete ich in Panik.«

»Und wer war diese Frau?«

»Das weiß ich nicht! Die hatte ich noch nie gesehen. Wahrscheinlich wieder so ein Flittchen, wie sie Toni oft mit aufs Zimmer nahm.«

Noch am Abend informierte Danilo per Telefon Lothar über dieses Verhör.

»Es geht um eine unbekannte Frau.«

Lothar antwortete: »Erinnerst du dich noch an die holländische Skispringerin, der Toni Bergmann noch etwas ins Ohr flüstere, bevor Wackernagel zu ihm kam? Klar und der Trainer der Kombinierer hatte eventuell auf dem Flur des Hotels eine Skispringerin vom Ladies Cup erkannt. Dies könnte eine Spur bedeuten. Gleich morgen setze ich mich mit der holländischen Nationalmannschaft in Verbindung.«

Die Nachfrage von Kommissar Lothar Roth im Mannschaftsquartier der holländischen Nationalmannschaft ergab, dass das Team bereits abgereist war. Er setzte sich deshalb mit dem holländischen Skiverband telefonisch in Verbindung.

»Spreche ich mit dem holländischen Skiverband?«

»Nein, mit dem niederländischen Skiverband. Wann lernt ihr Deutschen endlich, dass Holland nur ein Teil der Niederlande darstellt. Wir sind in der Gesamtheit Niederländer.«

»Also gut, ich suche aus ihrem Team alle Skispringerinnen, die am Ladies Cup in Schonach teilgenommen haben.«

»Bei uns gibt es nur eine Skispringerin. Mehr haben wir nicht. Sie heißt Meisje van der Pracht.«

»Noch besser, ich muss der Frau ein paar Fragen zum Mordfall Toni Bergmann stellen. Kann ich ihre Adresse haben?«

»Der Fall wird bereits ausführlich in der Presse breit getreten. Selbstverständlich geben wir Ihnen die Adresse. Moment!«

Kommissar Roth erhielt eine Adresse in Delft und bat die dortige Kriminalpolizei, das Verhör durchzuführen. Einige Tage später kam das Protokoll:

»Beim Verhör von Frau Meisje van der Pracht, wohnhaft in Delft und Mitglied der niederländischen Ski-Nationalmannschaft hat diese zugegeben, zum fraglichen Zeitpunkt am Tatort gewesen zu sein. Sie hatte mit Toni Bergmann ein Date in dessen Hotelzimmer vereinbart. Gemeinsam nahmen sie ein Bad. Sie stieg vorzeitig aus der Badewanne, um sich die Haare zu fönen. Gerade als sie den Einschaltknopf des Föns betätigte, ging die Tür zum Bad auf und eine unbekannte Frau wollte das Badezimmer betreten. Sie stieß einen Schrei aus und ließ vor Überraschung den Fön fallen. Der schlug an der Badewannenkante auf und fiel ins Badewasser. Dadurch bekam Toni Bergmann einen elektrischen Schlag, der zum Tode führte. In ihrer Panik zog sie sich schnell etwas über, raffte ihre Kleider zusammen und stürmte auf den Flur. Ein Mann kam gerade den Flur entlang, deshalb drehte sie sich um und flüchtete auf die andere Seite. Nachdem sie sich auf der Toilette vollständig angezogen hatte, ging sie zum Parkplatz. Dort rief sie über ihr Handy ein Taxi und fuhr damit zum Hotel der niederländischen Nationalmannschaft.«

Kommissar Kötter informierte Lilly Scheidacher darüber, dass sie zwar der Auslöser des Todesfalles war, doch könnte man ihr nur eine verminderte Schuld geben. Er wollte sich schon verabschieden, da zögerte Frau Scheidacher noch etwas.

»Ist noch was?«

»Herr Kommissar, ich wage es fast nicht zu fragen, aber könnte ich von dem Toten doch noch ein paar Haare für die DNA-Analyse bekommen? Der ist nämlich mit Sicherheit der Vater und unser Kind damit erbberechtigt.«

»Das kann ich Ihnen nicht versprechen.«

Die Erklärung für die nationale und internationale Presse, die von der Kripo Offenburg herausgegeben wurde, beinhaltete auch ein Lob über die gute Aufklärungsarbeit der beiden Kommissare Roth und Kötter. Sogar der Polizeidirektor aus Freiburg gratulierte Kötter und versprach eine baldige Verstärkung für seine Arbeit. Aus Potsdam meldete sich sein ehemaliger Chef Hauptkommissar Krüger. Natürlich hatte auch seine Mutter von den Taten ihres Sohnes gelesen und beglückwünschte ihn, nicht ohne sich die Frage zu verkneifen, ob er denn nun schon eine Damenbekanntschaft im Schwarzwald habe.

Nachdem die zweijährige Dopingsperre verbüßt war, gewann im nächsten Jahr Jörg Wackernagel wieder den Schwarzwaldpokal. Im Gegensatz zu früher hielt sich die Euphorie seiner Fans in Grenzen. Viele hatten ihn im Verdacht, nun ein besseres Dopingmittel einzusetzen.

FREIZEITTIPPS:

55 Rothaus-Loipenzentrum im Weissenbachtal bei Schönwald. 2,5 km lange Loipe mit Skating- und klassischer Spur präpariert. Beleuchtet von Mittwoch bis Freitag bis 20 Uhr. Für Schneemangel gibt es eine Beschneiungsanlage. Im Sommer ist die Anlage für Skiroller benutzbar. Biathlonanlage.

56 Schwarzwaldpokal. FIS Weltcup Gundersen der Nordischen Kombination, jeweils anfangs Januar in Schonach ausgetragene zweiteilige Skidisziplin bestehend aus Skispringen und einem anschließenden Skilanglauf.

57 St. Peter. Barocke Pfarrkirche, Klosterbibliothek mit Rokoko-Ausstattung.

58 Dieser Abenteuerlauf findet jeweils im Februar über eine Distanz von 100 Kilometern statt. Der Streckenverlauf Schonach-Schönwald-Furtwangen-Hinterzarten-Belchen ist außer am Wettbewerbstag auch von Langläufern in mehreren Etappen zu bewältigen. Eine Beschreibung der 14 Streckenabschnitte ist in der Broschüre Fernskiwanderweg Schonach-Belchen veröffentlicht.

59 Belchen. Mit 1414 m. ü. d. M. der dritthöchste Berg im Schwarzwald mit einem grandiosen Panorama-Rundblick.

UNGLÜCKSELIGE FASTNACHT

Oscar Kirlacher, 65 Jahre, arbeitete 45 Jahre als Mechaniker in einem feinwerktechnischen Betrieb im Schwarzwald. Sein Rentenbescheid fiel dennoch karg aus. Glücklicherweise hatte ihm eine Tante ein älteres Häuschen im Zentrum von Triberg vererbt. Er schätzte die nahen Wege zu den Geschäften, aber umso mehr ärgerte er sich über den für ihn bisher ungewohnten Lärm. Nicht nur der Autoverkehr, sondern vor allem nachts das Türenschlagen und der Krawall von Kneipenbesuchern störten ihn vehement. Den Lärmhöhepunkt des Jahres erreichte das jährliche Fastnachtstreiben. Ihm als Eigenbrötler ging diese organisierte Lustbarkeit derart an die Nerven, dass sein Blutdruck in gesundheitsschädigende Höhen schoss. Während viele der Innenstadtbewohner während der närrischen Tage verreisten, konnte er sich einen Urlaub nicht leisten. Die Narren kauften sich Holzmasken und Fastnachtskleider im Wert von über eintausend Euro, während er mit Mühe und Not die notwendigen Reparaturen an seinem kleinen Haus finanzieren konnte. Sein Hass auf die Fastnacht nahm deshalb von Jahr zu Jahr immer mehr zu. Ihm merkte man an, dass in seinem Alter zwar viele Sinne schwinden, doch der Eigensinn immer mehr zunimmt. Oscar Kirlacher schwor sich, mit allen Mitteln diesem närrischen Treiben mit dem damit verbundenen Krach ein Ende zu bereiten.

Aufgrund des permanenten Drängens von Kommissar Kötter sagte die Polizeidirektion Freiburg endlich eine personelle Verstärkung ab dem 1. Februar zu. Seine Erfahrung hatte ihn gelehrt, gegen Zusagen von Politikern und Ämtern gewisse Vorbehalte zu haben. Doch diese Angst erwies sich als unbegründet, denn jetzt war sie da. Der Neuzugang, die 30-jährige Sandra Lechner, übertraf seine kühnsten Erwartungen bei weitem. Sie war nach seiner Schätzung 1,75 bis 1,80 Meter groß. Die Figur sehr schlank aber trotzdem nicht dürr, genau nach seinem Geschmack. Schwarze Haare, ovales Gesicht, grüne Augen, und sie hatte bei der Begrüßung ein zauberhaftes Lächeln aufgesetzt. Magische Momente bei der ersten Begegnung kannte er bisher nur von den Pilcherfilmen aus dem Fernsehen, doch anscheinend, wie er soeben erfuhr, gab es die wirklich. Seine Traumfrau stand vor ihm und stellte sich als seine neue Mitarbeiterin vor. Er versuchte, seine Euphorie zu verbergen, um als zukünftiger Vorgesetzter einen seriösen Eindruck zu vermitteln. Nach der üblichen Einweisung am ersten Tag holte er bei Dienstschluss am Abend eine Flasche Sekt aus dem Kühlschrank. Beim Anstoßen der Sektgläser bot er ihr das Du an, was sie gern annahm. Gegen den versuchten Bruderkuss wehrte sie sich allerdings.

Am nächsten Tag kam Oscar Kirlacher ins Kommissariat, um sich über den permanenten Fastnachtslärm zu beschweren. Inspektorin Sandra Lechner begrüßte den Rentner freundlich. Nachdem er seine

Beschwerde vorgetragen hatte, klärte ihn die Inspektorin auf, dass für Lärmbelästigungen nicht die Kriminalpolizei sondern der Polzeiposten zuständig sei.

»Bei diesen Schnarchnasen war ich schon! Die sind doch befangen und alle selbst in der Narrenzunft.«

»Herr Kirlacher, Polizisten sind keine Schnarchnasen sondern eine unbedingt notwendige Einrichtung zur Sicherheit der Bürger.«

»Für mich sind das Schnarchnasen!«

»Herr Kirlacher überlegen Sie, möchten Sie sich bei wenig Verdienst von renitenten Bürgern unflätige Beleidigungen gefallen lassen oder bei Demos Steine an den Kopf bekommen oder ständig in der Gefahr leben, im Dienst mit Verletzungen oder sogar mit dem Tod konfrontiert zu werden?«

»Auf gar keinen Fall!«

»Aha! Wenn man selbst betroffen ist, sieht die Sache wohl anders aus? Nehmen Sie dann die Schnarchnasen zurück?«

Wohl zum ersten Mal in seinem Leben entschuldigte sich Oscar Kirlacher. Dennoch wollte er sich nicht abwimmeln lassen und verlangte ein Gespräch mit dem Preußen, womit er den Kommissar meinte. Als dieser gerade zur Tür herein kam, sprach er ihn an:

»Sie sind doch fremd hier. Dieser Fastnachtslärm muss Ihnen doch ebenfalls auf die Nerven gehen? Diese Holzköpfe, die mit Krach und Radau meinen wohlverdienten Ruhestand nachhaltig stören!«

»Eigentlich nicht«, entgegnete der Kommissar. »Mir gefällt diese alemannische Fastnacht, um nicht zu sagen, ich bin begeistert.«

»Vielleicht sorgen Sie wenigstens dafür, dass das Geschmiere im Narrenblatt ›Radautrommler‹ aufhört. Alle Jahre schreibt dieser närrische Hintergäßler irgendetwas Blödes über mich. Dieser Schreiberling sollte sich lieber auf seine bereits veröffentlichten Jugenderinnerungen und Gedichte konzentrieren, als unbescholtene Bürger zu beleidigen. Und das Schlimmste, die Narrenzunft trommelt noch wie wild vor meinen Haus, wenn sie das Narrenblättle zum Verkauf anpreist. Wenn ich Leserbriefe an die Lokalzeitungen schreibe und diese fastnächtlichen Missstände aufzeige, verschwinden diese einfach unveröffentlicht im Bermudadreieck der Redaktionen.«

»Herr Kirlacher, es gibt eine Pressefreiheit und die Narren konnten schon immer ungestraft ihren Mund auftun.«

»Da wird doch der Has' in der Pfanne verrückt! Die Polizei und die Kriminalpolizei unterstützen diese Krawallmacher noch und unsereins soll das alles aushalten. Wenn Sie nichts unternehmen, dann passiert noch was. Ich habe Vorsorge getroffen, damit dieses Treiben vor meinem Haus aufhört. Wenn die Polizei nicht hilft, so helfe ich mir selbst!«

Wütend verließ der Rentner das Kommissariat.

»Ist ja interessant, dass du dich für unsere Fastnacht begeisterst«, äußerte sich die Inspektorin.«

»Ich verfolgte schon seit Jahren die vom Südwestfernsehen übertragenen schwäbisch-alemannischen Narrenumzüge und natürlich den bekannten Narrensprung [60] in Rottweil [61]. Diese bunten Figuren faszinierten mich schon immer.«

»Wenn du willst, zeige ich dir als traditionsbewusstes Schwarzwaldmädel unsere Fastnacht.«

»Du bist doch kein richtiges Schwarzwaldmädel, sonst müsstest du einen Bollenhut tragen.«

»Ich bin eine echte Schwarzwälderin und im Gutachtal geboren. Von dort, wo die Bollenhüte eigentlich herkommen. Dieser Hut, der bis zu vier Pfund schwer sein kann, gilt zwar als Symbol des Schwarzwaldes, wird aber nur in den Dörfern Gutach, Kirnbach und Hornberg-Reichenbach getragen. In anderen Schwarzwalddörfern tragen die Frauen andere Hüte. Für alle gilt aber: rot für ledige und schwarz für verheiratete Frauen.«

»Und was musst du tragen? Bist du verheiratet?«

»Die Schwarzwälder Tracht trägt heute kaum eine Frau mehr und sie ist fast nur noch in Museen zu besichtigen. Ich kann dir das Schwarzwälder Trachtenmuseum [62] in Haslach empfehlen. Für mich wäre die Hutfrage schwierig, denn ich bin eine ledige alleinerziehende Mutter.«

»Also ein roter Bollenhut mit einem schwarzen Bollen?«

»Ha, ha! Das würde euch Männer so passen, wenn die Frauen im Schwarzwald so gekennzeichnet wären.«

»Im Heimatmuseum habe ich einen Brautschäppel gesehen. Sieht aus, als würden die Frauen einen Weihnachtsschmuck auf dem Kopf tragen.«

»Der Brautschäppel ist ein kronenartiger Kopfschmuck, bei dem auf einem Drahtgeflecht allerlei Flitter wie farbige Glaskügelchen, Papierblumen, Spiegelchen und Perlenketten aufgenäht sind. Ihn tragen nur ledige Jungfrauen an hohen Festtagen und die Braut zum letzten Mal an ihrem Hochzeitstag.«

»Und wie alt ist dein Kind?«

»Lukas ist sechs Jahre und weil er nun zur Schule geht und meine Eltern sich in der übrigen Zeit um ihn kümmern, konnte ich meinen Beruf wieder aufnehmen. Aber nun an die Arbeit, Herr Kommissar!«

Im Stillen dachte Danilo Kötter, das wäre wunderbar, Sandra als seine Braut mit dem Schäppel auf dem Kopf und seiner Mutter könnte er ein fertiges Enkelkind präsentieren.

Auf dem Tisch im Kommissariat lag der Polizeibericht. In diesem werden den Polizisten und der Kriminalpolizei wichtige Vorkommnisse der vergangenen Tage bekannt gemacht. Ganz oben stand ein Vorfall mit dem Rentner Oscar Kirlacher. Dieser fühlte sich von der wöchentlichen Probe des Fanfarenzuges in seiner Nachbarschaft so gestört, dass er in das Probelokal stürmte und einen Chinaböller unter die Musikanten warf. Die Explosion dieses Krachers versengte einem Trompetenspieler die Hose und dieser zeigte den renitenten Fastnachtsmuffel an.

»Der kann es einfach nicht lassen und ich fürchte, der macht noch mehr Ärger.«

Sandra nickte mit dem Kopf.

»Und wann gehst du mit mir zum Fasching, entschuldige zur Fastnacht oder auch Fasnet?«

»Gleich am Schmotzigen Donnerstag, da sind in

Triberg die Teufel los. Um etwa 19 Uhr verlöschen alle Straßenlaternen und die wilden Teufel stürmen mit Fackeln in der Hand die Hauptstraße hoch. Mein Sohn und ich sehen uns das jedes Jahr an.«

»Bring' ihn mit! Ich bringe Lothar aus Hornberg mit, falls er Zeit hat.«

Bereits am Nachmittag des Schmotzigen Donnerstag fand der Kinderumzug statt. Als der Zug sich auf der Höhe des Hauses von Oscar Kirlacher bewegte, öffnete dieser weit sein Wohnzimmerfenster. Zuvor hatte er die beiden Lautsprecherboxen seiner Stereoanlage direkt ans Fenster gestellt. Nun drehte er seine Anlage voll auf und aus den Boxen erschallte in einer unüberhörbaren Lautstärke der Marsch: »Wir wollen unseren alten Kaiser Wilhelm wieder haben.« Erschreckt hielten die Kinder für einen Moment inne, während Kirlacher nach seinem Erfolg zufrieden das Fenster schloss. Nach dem Umzug versammelte sich eine Anzahl der Kinder vor dem Haus. Eines der Kinder klingelte und als Kirlacher am Fenster nach draußen schaute, wer ihn besuchen wolle, riefen die Kinder:

»Hoorig, hoorig ist die Katz und wenn es dir nicht passt, so wechsele doch den Platz.« Die Antwort erfolgte umgehend, in dem der Rentner einen Eimer Wasser über die Kinder ausschüttete. Daraufhin liefen diese nach Hause, um sich keine Erkältung einzufangen.

Im Kommissariat befragte Danilo Kötter seine Inspektorin Sandra Lechner nach der Entstehung der schwäbisch-alemannischen Fastnacht.

»Über den Ursprung sind sich nicht einmal die Forscher einig. Fakt ist, die Fastnacht oder auch Fasnet genannt ist lebendiger denn je. Neue Narrenzünfte sind entstanden und die alten sind so vielfältig, dass man sie kaum beschreiben kann. Ob die Offenburger Hexen, die Tiermasken wie der Schonacher Geißenmeckerer, Teufelsmasken wie in Triberg oder der Schuddig aus Elzach, der als älteste Holzmaske gilt, bei dem seine Dreieckshörner mit Schneckenhäusern bestückt sind. Rund 2500 Schneckenhäuser bedecken den ›Schneckenhiislinarro‹ aus Zell am Harmersbach 63. Weiter geht es mit Weiß- oder Glattlarvennarren wie in Oberndorf 64 am Neckar oder in Villingen. Dazu kommen unzählige Figuren, deren Kleider oder wie es bei uns heißt Häs aus Stoffstücken, Schilf, Federn, Nussschalen oder anderen Materialien angefertigt sind. Bei den Hemdglonkerumzügen marschieren Erwachsene und Kinder in Nachthemden durch die Straßen. Narrenbaumsetzen, Rathaus-Erstürmung, Büttenabende, Zunftbälle, Fasnetsverbrennungen, Geldbeutelwaschen …«

»Hör auf! Das kann ich mir nicht alles merken!« Danilo presste die Hände an seine Ohren. »Der Einzige, der bei mir hängen geblieben ist, ist der mit seinen 2500 Schneckenhäusern. Der kann sich nicht hinsetzen, oder?«

»Nein, der muss während der Fastnacht standhaft bleiben.«

Sandra, Lukas, Lothar und Danilo bekamen beim Triberger Teufelsumzug nur noch Platz in den hinteren

Reihen. Danilo fragte Lukas, was er später einmal werden möchte.

»Natürlich Polizist, wie meine Mama.«

»Klasse! Cool! Wir brauchen dringend Nachwuchs«, lobte Danilo den Jungen, der ihm gleich sympathisch war.

Begleitet von mehreren Musikkapellen marschierten ungefähr 300 bis 350 Teufel mit der Fackel in der Hand die Hauptstraße hoch zum Marktplatz. Für zusätzlichen Lärm sorgten die Radautrommler, die den Zug mit ihren Blechtrommeln aus alten Fässern begleiteten. Die Triberger Teufel mit ihrem kupferroten grinsenden Gesicht, die Teufelshörner, Stirnhaare, der Kinnbart und die dicke Halskrause in schwarz, darunter das rote Gewand mit schwarzen Zickzackgalonen und den Bronzeschellen verbreiteten eine gespenstische Szene, die von den in den Häuserfenstern aufgestellten Hindenburglämpchen und der abgedunkelten Innenstadt zusätzlich verstärkt wurde. Gegenüber dem Haus von Kirlacher hatte die Zunft einen Aufpasser postiert. Wie erwartet, brachte Kirlacher wieder seine Lautsprecherboxen am Fenster in Position. In diesem Augenblick gab der ›Narrenspion‹ das vereinbarte Zeichen per Handy und ein Mitarbeiter der Elektrizitätswerke schaltete für diese Häuserzeile den Strom ab. Mit wutverzerrtem Gesicht verließ Kirlacher das bereits geöffnete Fenster. Auf den Narrenruf der närrischen Zugteilnehmer mit »Narri«, antwortete auch Kommissar Kötter mit »Narro«. Plötzlich spürte er einen kurzen Schmerz an seinem Hinterkopf. Er drehte sich um und ein gekrümmter Nagel fiel zu Boden. Trotz der Dunkelheit sah er noch für den Moment, wie sich jemand hinter einem Fenster duckte. Seine Hand griff an die schmerzende Stelle am Kopf. Dabei bemerkte er eine leichte Blutung. Weder Sandra noch Lothar hatten diesen Vorfall bemerkt. Danilo spurtete zu diesem Haus und sah auf dem Klingelschild den Namen Oscar Kirlacher. Er klingelte wie verrückt, doch niemand öffnete. Daraufhin pochte er an die Tür und rief:

»Herr Kirlacher, machen Sie auf, sonst öffne ich die Tür mit Gewalt!«

Ganz vorsichtig öffnete der Rentner die Eingangstür. Auf der Fensterbank lag eine größere Anzahl von gebogenen Nägeln. Daneben eine Drahtschleuder mit Gummizug, mit der dieser Fastnachtsgegner auf die Zuschauer des Teufelsumzuges geschossen hatte.

»Sind Sie nun total verrückt geworden? Stellen Sie sich vor, Sie treffen jemand ins Auge!«

»Hören Sie nur den Krach von den Teufeln und den Musikkapellen. Das hält kein Mensch aus. Da muss ich doch verrückt werden. Aber ich werde noch für Ruhe vor meinem Haus sorgen.«

»Herr Kirlacher, ist Ihnen eigentlich klar, die nächste Anzeige kommt gewiss! Und hören Sie endlich mit Ihren Attacken gegen das fastnächtliche Treiben auf.«

Bevor sich Sandra und Lukas nach dem Umzug von ihnen verabschiedeten, vereinbarte Danilo und Lothar mit Sandra einen Besuch des Schonacher Zunftballs.

Kötter wollte am Freitagabend gerade das Kommissariat abschließen, da klingelte das Telefon.

»Polizei Schonach! Herr Kötter, der bekannte Holzschnitzer aus Schonach, der die Holz- und Kunststoffmasken für unzählige Zünfte schnitzt und bei dem es die beliebten Miniatur-Sammlermäskle gibt, meldet soeben einen Einbruch. Seine halbfertigen Holzmasken wurden mit einem Schnitzmesser durchbohrt und damit unbrauchbar gemacht. Über die vielen Sammlermäskle wurde Farbe geschüttet. Durch Geräusche aufmerksam geworden, ging er in die Werkstatt und sah einen älteren Mann, der durchs Fenster flüchtete. Das ist bestimmt dieser Oscar Kirlacher aus Triberg. Wenn Sie sich beeilen, so können Sie ihn vor seiner Haustüre abfangen.«

Da sich das Kommissariat unweit der Kirlacher Wohnung befand, bezog der Kommissar in wenigen Minuten seinen Posten. Er versteckte sich in einem nebenan liegenden Hauseingang und wartete. Zehn Minuten, eine Viertelstunde, eine halbe Stunde, niemand wollte in die Wohnung von Oscar Kirlacher. Weil dem Kommissar die Geduld riss, klingelte er. Kirlacher öffnete sofort.

»Sie schon wieder! Nicht nur die Narren, auch die Polizei stört einen ständig.«

»Ist schon gut, vergessen Sie es. Eine angenehme Nachtruhe.«

Für Kötter war klar, Kirlacher konnte es nicht gewesen sein.

Etwas närrisch gekleidet und geschminkt nahmen Sandra, Lothar und Danilo Platz beim Zunftball im Haus des Gastes von Schonach. Mit dem tollen närrischen

Programm stieg die Stimmung im Saal immer mehr. Die Narren standen auf den Stühlen, hakten sich ein und bewegten sich im Rhythmus zum beliebten Schunkellied: »Von vorne, von hinten, von links nach rechts, von oben von unten, von links nach rechts.« Danilo fühlte die Nähe von Sandra, die den Abend sichtlich genoss. »Ja«, dachte Danilo, »die Schwarzwälder können feiern.« Zum Tanzen bevorzugte Sandra allerdings den Kollegen Lothar. Voller Eifersucht sah Danilo, wie Sandra beim Tanzen Lothar auf die Wange küsste. Als sie wieder ihren Platz am Tisch einnahmen, bedeutete Danilo, auch er wollte von Sandra auf die Wange geküsst werden. Just als sie ihn küssen wollte, drehte Danilo das Gesicht direkt zu ihr und gab ihr einen richtigen Kuss.

»Aber Herr Kommissar, das nennt man wohl Unzucht mit Abhängigen.«

»Ein Kuss ist keine Unzucht sondern ein Liebesbeweis und wegen der Abhängigkeit sprechen wir uns später einmal.«

Im Geiste wieder stellte er sich vor, wie Sandra mit einem Brautschäppel mit ihm zum Altar schritt, während seine Mutter dem kleinen Lukas liebevoll über den Kopf strich. Für den Sonntag vereinbarten die drei den Besuch des Triberger Fasnetsumzuges.

Obwohl es am Abend vorher kräftig in den Schnee regnete, hatte Petrus für den Triberger Narrenumzug ein Einsehen und stellte seine Regenschauer ein. Danilo mied dieses Mal den Platz vor dem Haus Kirlacher und suchte lieber eine Stelle gegenüber aus. Viel närrisches Publikum säumte die Straßen. Hier im Zentrum standen die Zuschauer dicht an dicht. Kötter vergewisserte sich, dass dieses Mal keine Lautsprecherboxen am Fenster von Kirlacher postiert waren. Der renitente Rentner war nirgends zu sehen. Gerade als der Zug vorbei kam, donnerte eine Schneelawine vom Dach des Kirlacher Hauses. Es gab zahlreiche Verletzte und einen Toten, der von einem Eisbrocken direkt am Kopf getroffen wurde. Die Verantwortlichen unterbrachen den Umzug und das Rote Kreuz und die Feuerwehr rückten zum Großeinsatz aus. Lothar und Sandra koordinierten den Einsatz. Auch Kommissar Kötter war ab sofort nicht mehr privat und nahm seinen Dienst auf und ging in die Wohnung von Kirlacher.

»Herr Kirlacher, dieses Unglück kann für Sie sehr unangenehm ausgehen.«

»Wieso, wenn die Leute nicht lesen können. Rechts und links vom Haus sind Schilder angebracht mit »Vorsicht Dachlawinen« und deshalb trifft mich wohl keine Schuld.«

Ein Feuerwehrmann, der von der Feuerwehrleiter aus den restlichen Schnee vom Dach entfernen wollte, damit nicht noch mehr eisige Dachlawinen herunter stürzten, stieg sofort wieder von der Leiter. Er ging in die Wohnung und bedeutete dem Kommissar, dass er ihn kurz sprechen wollte.

»Herr Kommissar, auf dem Dach habe ich eine furchtbare Entdeckung gemacht. Das Schneegitter, das normalerweise die Lawinen bremst, war umgeklappt. Ein Drahtseil führte zur Dachluke. Mit diesem konnte man ohne Weiteres das Schneegitter umklappen, um damit die Schneelawine in Bewegung zu setzen. Gerade nach dem Regen rutscht der Schnee besonders gut.«

Kötter wandte sich an Kirlacher.

»Ich verhafte Sie wegen vorsätzlichen Totschlags!«

»Wieso denn das?«

Kötter schilderte die Entdeckung des Feuerwehrmannes und drängte Kirlacher auf ein Geständnis.

»Glauben Sie mir, ich wollte niemanden töten. Aber auf mich hört niemand. Ich muss Jahr für Jahr den Lärm ertragen. Bei der Erneuerung des Daches im Herbst kam mir die Idee. Vom Gerüst aus konnte ich nach dem Feierabend der Handwerker am Schneegitter Gelenke einbauen und das Drahtseil befestigen. Mit der Schneelawine wollte ich nur die Besucher erschrecken und für die Unterbrechung dieses Umzuges mit Musikkapellen, Fanfarenzug und lärmenden Narren zum Stillstand bringen. Dabei konnte ich nicht ahnen, dass durch die Witterung der Nassschnee mit Eis durchsetzt wurde. Der übliche Schnee hätte keine Verletzungen sondern nur den gewollten Schrecken ausgelöst.«

»Nun, Herr Kirlacher, die Richter entscheiden meist, was die Folge war und nicht was der Täter vielleicht gewollt hätte.«

Durch das Unglück war für den Kommissar Kötter und für die Inspektorin Sandra Lechner die Fastnacht vorbei. Schon aus Gründen der Pietät, aber auch, weil nun viel Arbeit auf sie zukam.

»Danilo, ich hätte dir gern noch Einiges von der schwäbisch-alemannischen Fastnacht gezeigt. Beispielsweise den großen Narrenumzug [65] in Villingen oder das lustige ›Da-Bach-na-Fahren [66]‹ in Schramberg [67], das an die frühere Flößerei auf der Schiltach erinnert. Aber wenn der Schnee weg ist, machen wir wenigstens gemeinsam den Flößerpfad [68].«

»Gern! Aber jetzt an die Arbeit. Wir müssen noch mit den Verletzten sprechen und den Einbruch beim Schnitzer von Schonach aufklären. Mir hat die Fastnacht Spaß gemacht und wenn Oscar Kirlacher kein Fastnachtsmuffel wäre, hätten wir auch noch weiter unseren Spaß. So ist es, ob Karneval, Fasching oder Fastnacht, erst beim Mitmachen kommt auch der Spaß auf.«

FREIZEITTIPP:

60 Narrensprung. Jeweils am Fasnachts-/Rosenmontag ab 8 Uhr springen weit über 1000 Rottweiler Narren – Gschellnarr, Fransenkleidle, Schantele, Biss, und Federhannes – durch das Schwarze Tor in die Altstadt hinein.

61 Rottweil. Älteste Stadt von Baden-Württemberg. Sehenswerte Altstadt mit Bürger- und Patrizierhäusern, Türmen und Stadttoren. Heilig-Kreuz-Münster, Dominikanermuseum mit Orpheus-Mosaik, spätgotische Skulpturen und Tafelbilder. Spielzeugmuseum. Sole- und Freizeitbad ›Aquasol‹ mit einer 120 Meter langen Röhrenrutsche.

62 Schwarzwälder Trachtenmuseum in Haslach mit über 100 regionalen Trachten.

63 Zell am Harmersbach. Historische Altstadt mit Fachwerk- und Jugendstilhäusern, Museum ›Villa Haiss‹ mit zeitgenössischer Kunst, Heimatmuseum ›Fürstenhof‹, Zeller-Keramik-Museum mit offener Produktion und Keramikmalen für Besucher.

64 Oberndorf am Neckar. Historischer Narrensprung am Fastnachtsdienstag. Rokoko-Klosterkirche, Zeitungarchiv des Schwarzwälder Boten, Waffenmuseum.

65 Narrenumzug in Villingen. Großer Fastnachtsumzug am Fastnachtsdienstag.

66 Da-Bach-na-Fahren. Am Fastnachtsmontag fahren auf der gestauten Schiltach Narren mit Waschzuber und fantasievollen Eigenbauten zu einem meist nassen Vergnügen.

67 Schramberg. Schloss und Stadtmuseum mit der vier Meter hohen Kunstuhr. Park der Zeiten im ehemaligen Villenpark des Uhrenfabrikanten Erhard Junghans. Geschichtspfad Zeitreise mit 27 Stationen. Eisenbahnmuseum. Intakte Schwarzwaldmühle im Stadtteil Tennenbronn. Oberhalb von Schramberg Freizeitpark Hardt mit einer 150 qm LGB-Modelleisenbahnanlage.

68 Flößerpfad. Wanderweg mit Informationsschildern zur Flößerei von Loßburg über Alpirsbach nach Wolfach. Möglich sind auch zwei Teilstrecken: Loßburg-Alpirsbach 10 km, Alpirsbach-Schenkenzell-Schiltach-Wolfach 22 km.

ZUM KUCKUCK MIT DEM KUCKUCK

Seit Jahren trafen sich die fünf Männer sonntags nach der Kirche am Stammtisch in einem Lokal von St. Georgen. Sie kannten sich schon seit ihrer Lehrzeit und hatten jahrzehntelang im selben Betrieb gearbeitet. Nun, im Alter von fast 60 Jahren hatte auch sie die Arbeitslosigkeit eingeholt. Teilzeitarbeiter und Ingenieure aus Billiglohnländern übernahmen ihre Arbeitsstellen. So konnte die Firma wesentlich billiger produzieren und ihren Gewinn steigern. Begonnen hatte dieses moderne Management mit einem jungen Diplom-Betriebswirt, dem die Leitung der Firma übertragen wurde. Für diesen Hochschulabsolventen zählten nur nackte Zahlen und nicht der Mensch, aber in erster Linie der Bonus, den er anteilig vom Jahresgewinn erhielt.

»Schuld ist nur der Chinese«, brummelte Christian Staiger am Stammtisch.

»Wie meinst du das?«, Alfred Brunner sah ihn fragend an.

»Mein Vater erzählte mir davon, dass schon in den 1960er Jahren ein Chinese oder Japaner, jedenfalls ein gelbhäutiger Mann, ständig mit einem Fotoapparat durch St. Georgen lief. Für ihn war das ein Wirtschaftsspion, der alles fotografierte und aufzeichnete und dann die Informationen an seine Auftraggeber in Fernost weiterleitete. Inzwischen liefern die Chinesen Imitationen vom hessischen Bembel bis zur Schwarzwälder Kuckucksuhr. Für uns als ehemalige Mitarbeiter in einer Uhrenfabrik dreht sich beim Anblick dieser kitschigen Uhren doch der Magen um.«

»Der Chinese läuft heute noch durch St. Georgen oder besser, vermutlich sein jüngerer Nachfolger«, erwiderte Johann Tannenhauser.

Nun meldete sich auch der vierte Stammtischbruder. »Auch mein Vater erzählte mir von den goldenen Zeiten nach dem zweiten Weltkrieg, als St. Georgen einen unglaublichen wirtschaftlichen Aufschwung verzeichnete. Die Schwarzwälder Tüftler beschäftigten sich damals schon sehr früh mit der Elektrotechnik und erfanden eine Vielzahl von Präzisionsteilen. St. Georgen entwickelte sich dabei unter anderem zum Zentrum der Phonoindustrie. Bekannte Firmen wie Dual und Perpetuum Ebner belieferten die ganze Welt mit Plattenspielern. Und als die Amerikaner 1969 auf dem Mond landeten, war auch ein Teil aus St. Georgen dabei.«

Otmar Stockburger ergänzte: »Ja, und erst unsere Uhrenindustrie. Uhrenträger kamen schon vor über 100 Jahren bis in die Türkei und verkauften Kuckucksuhren. Schwarzwälder Bauern hängten sich die bemalten Schilderuhren in ihre Stuben. Innovationen wie Jahres- und Quarzuhren lieferten die Uhrenfabriken aus unserer Stadt und Firmen aus dem Schwarzwald verkauften Millionen Uhren in alle Welt. Doch auch für die Uhrenindustrie bewahrheitete sich wie bei vielen anderen Betrieben: ›Wer nicht mit der Zeit geht, geht mit der Zeit‹.«

Die Männer am Stammtisch sprachen über die gute alte Zeit und wie es plötzlich mit den Arbeitsplätzen bergab ging. Nun zählten sie auch zu den Arbeitslosen, denn in ihrem Alter von weit über fünfzig stellte sie kein Personalchef mehr ein. Kurz vor 12 Uhr verließen bis auf Otmar Stockburger alle den Stammtisch, denn ihre Frauen erwarteten sie pünktlich zum Mittagessen. Stockburger bestellte sich genüsslich ein Schweineschnitzel mit Pommes frites. Er als Junggeselle konnte sich das leisten, musste er doch sein geringes Einkommen mit niemandem teilen. Er lebte nach der Devise der bayrischen Kabarettistin Monika Gruber, wonach man: »Lebensgefährten nur noch ambulant und nicht mehr stationär aufnehmen sollte«. Ihm genügte, wenn seine Freundin Gabriele Schneider zwei- bis dreimal die Woche zu ihm in seine Wohnung kam. In der übrigen Zeit konnte er sich der Entwicklung seiner neuen wohl bahnbrechenden Erfindung widmen, die vermutlich der St. Georgener Uhrenindustrie wieder eine neue Perspektive bieten könnte. Allerdings schnüffelte ihm seine Freundin Gabriele während ihrer Anwesenheit nach seinem Gefühl viel zu intensiv in seinen Plänen und Aufzeichnungen herum. Bei einem Mann würde er das als Wissbegierde durchgehen lassen, doch bei dieser Frau hielt er es für pure Neugierde.

Die Kommissare Lothar und Danilo nahmen am Wochenende an einem Outdoor-Training in der Ravenna-Schlucht [69], einem wildromantischen Seitenarm des Höllentales [70], teil. Als Belohnung für die Aufklärung des Todes von Toni Bergmann, dem Skichampion, spendete ihnen der Skiverband eine Beteiligung bei einem Freizeitevent, das seinen Funktionären ein neues ›Wir-Gefühl‹ vermitteln sollte. Es stand kein athletisches Training auf dem Programm, sondern unter anderem Bogenschießen auf einen Bär aus Pappe, Klettern durch ein Spinnennetz aus dicken Seilen und das Überqueren der Ravenna-Schlucht auf einer Seilbrücke. Bei der Anfahrt durch das Höllental machte Lothar seinen Beifahrer Danilo auf den Bronzehirsch aufmerksam, der von der Straße aus gut sichtbar auf einem Felsen steht.

»Einer Sage nach soll sich dieser Hirsch mit einem Sprung über die 20 Meter breite Schlucht vor seinen Verfolgern gerettet haben.«

»Das kann ich mir nicht vorstellen, dass ein Schwarzwaldhirsch soweit springt. Dann hat er wohl vorher einige Dosen Red Bull getrunken.«

»Unterschätze nicht die Fähigkeiten von uns Schwarzwäldern. Um Gotteswillen, wir sind schon fast in Himmelreich!«

»Du meinst bei deiner rasanten Fahrweise: im Himmelreich.«

»Ich meine in Himmelreich, dem Dorf am Ausgang des Höllentales.«

»Also umkehren und von Himmelreich zurück ins Höllental.«

Lachend erreichten sie die Trainingsgruppe, die auf dem Wanderparkplatz am Hofgut Sternen 71 auf sie wartete.

Inspektorin Sandra Lechner nutzte das Wochenende für einen Ausflug mit ihrem Sohn. Da Lukas mit seinen sechs Jahren noch keine steilen Berge fahren konnte, transportierten sie die Fahrräder mit der Bahn nach St. Georgen. Nach einer Runde Minigolf im Stadtgarten zeigte ihm seine Mutter das sehenswerte Phonomuseum 72. Der Führer gab einen Einblick in die Entwicklungsgeschichte der Phonotechnik, beginnend mit dem 1877 erfundenen Edison-Phonographen über die Erfindung des Grammophons und der Schallplatte bis hin zu den modernen HiFi-Anlagen. Lukas staunte darüber, dass Musik nicht nur von der CD kommt, sondern auch von Walzen und Schelllackplatten. Dieses Museum ist ehemaligen Mitarbeitern der Phonoindustrie zu verdanken, die sich ehrenamtlich für diese Ausstellung engagieren. Ein inzwischen verstorbener Fabrikant hat für 20 Jahre die Pacht der Räume übernommen. Als sich die Führung gerade in der oberen Etage bewegte, drang aus dem Untergeschoß ein Wortschwall herauf.

»Wollen Sie jetzt auch noch die Trichtergrammophone nachbauen und unseren Markt damit überschwemmen?«

Ein Mitarbeiter des Museums hinderte einen Chinesen daran, weiterhin Details der Grammophone zu fotografieren.

Sandra Lechner und ihr Sohn Lukas holten nun ihre am Bahnhof deponierten Fahrräder und begannen die auf ebenen Wegen verlaufende Fahrradtour 73. In Peterzell entschieden sie sich für die Route über Königsfeld 74 bis nach Buchenberg. In Buchenberg holten sie sich nach einer Stärkung im Café Rapp den Schlüssel für die Nikolauskapelle 75, der nebenan im Eingangsbereich des Rathauses für jedermann tagsüber zugänglich ist. Pflichtbewusst hängten sie nach der Besichtigung dieser kleinen Kapelle den Schlüssel zurück und radelten auf gut zu befahrenen Waldwegen wieder zurück nach St. Georgen.

Am Sonntag trafen sich die fünf Männer wieder am Stammtisch. Nach der üblichen Politikschelte bemerkte Christian Staiger:

»Otmar, letzte Woche beim Heimatabend präsentierte deine Freundin Gabriele den St. Georgener Brautschäppel auf der Bühne. Die Kurgäste staunten nicht schlecht über die Größe des Schäppels.«

»Christian, du weißt, das ist der größte Schäppel vom gesamten Schwarzwald und Gabriele ist eine überzeugte Schwarzwälderin, praktisch schon von Kind auf im Trachtenverein. Übrigens, ich habe im Uhrenmuseum Furtwangen 76 den Chinesen gesehen, wie er wie wild fotografierte.«

Die vier Männer wunderten sich sehr und Tannenhauser fragte: »Was machst du als ehemaliger Leiter der Entwicklungsabteilung unserer Uhrenfabrik im Uhrenmuseum?«

»Ich interessiere mich eben für diese alten Techniken.«

»Dann hast du bestimmt Karl-Heinz getroffen, der früher bei uns in der Fertigung arbeitete und jetzt den Job eines Aufsehers im Uhrenmuseum bekleidet?«

»Selbstverständlich, mit dem hatte ich mich verabredet und der hängte für mich verschiedene Uhren ab und zeigte mir das Innenleben. Dabei hat uns immer wieder dieser Chinese fotografiert. Irgendwann rempelte mich der auch noch an. Bei dieser Gelegenheit muss er mir einen Glückskeks in die Jackentasche geschmuggelt haben. Als ich das zuhause bemerkte und den Keks öffnete, fand ich darin eine Telefonnummer. Ich werde morgen anrufen, vielleicht habe ich etwas gewonnen.«

»Du im Uhrenmuseum und zeigst Interesse für die alte Mechanik. Da steckt doch etwas dahinter«, sinnierte Alfred Brunner. »Otmar, heraus mit der Sprache. Leg die Karten auf den Tisch! Um was geht es?«

»Das möchte ich erst sagen, wenn das Patent vom Patentamt in München vorliegt. Ich muss noch ein Problem lösen. Dann wird die Welt staunen.«

»Na, unter Freunden gibt es keine Geheimnisse. Wir können schweigen! Na, sag schon«, stichelte Staiger.

»Also gut, es geht um eine neue Art einer Kuckucksuhr.«

Bevor die Männer vom Stammtisch weiter fragen konnten, zeigte Otmar auf die Uhr, die dreiviertel zwölf anzeigte. Schnell zahlten die Männer und eilten nach Hause zum Mittagstisch.

Nach dem Essen ging auch Otmar Stockburger in seine Wohnung, um an seiner Erfindung weiter zu tüfteln. Er wähnte sich kurz vor dem Durchbruch. Während bei einer Kuckucksuhr der Kuckuck einsilbig KUCK und KUCK ruft, war es ihm gelungen, den Kuckuck bereits zweisilbig zu konstruieren. Nun konnte sein Kuckuck auch AL DI und LI DL oder andere zweisilbige Firmennamen rufen. Ein weites Einsatzfeld für die

Werbeindustrie. Jetzt tüftelte er an einem dreisilbigen Kuckuck, um auch Firmen wie Mc Donalds und Coca Cola zu bedienen. Obwohl Coca Cola aus vier Silben besteht, könnte er durch das doppelte CO auch diesen Weltkonzern bedienen und damit den Absatz steigern. Die mechanische Technik funktionierte bereits, nur die Stimme des Kuckucks, die durch einen Blasebalg und Pfeifen erzeugt wurde, musste er noch verbessern. Er malte sich bereits aus, wie der Leiter seiner ehemaligen Arbeitsstelle um das Patent winselte. Seine Uhrenfabrik bekäme das Patent für 250.000 Euro von ihm mit der gleichzeitigen Auflage, seine ehemaligen Arbeitskollegen vom Stammtisch bis zum Erreichen ihrer Altersgrenze wieder einzustellen.

Am nächsten Tag besuchte ihn wieder einmal seine Freundin Gabriele Schneider. Er erzählte ihr, dass Staiger gestern am Stammtisch von ihrem Auftritt beim Heimatabend erzählt hatte.

»Du könntest auch mal den Heimatabend besuchen und nicht nur über deiner Erfindung brüten.«

»Das scheint mir wichtiger, denn damit verdiene ich hoffentlich viel Geld und kann uns beiden ein besseres Leben bieten.«

»Ich bin mit meinem Leben zufrieden und wenn wir mehr Geld hätten, soll ich dann auch noch nachts essen?«

»Natürlich nicht! Wir könnten gemeinsam auf Reisen gehen. Da fällt mir ein, mir hat ein Chinese einen Glückskeks mit einer Telefonnummer zugesteckt. Vielleicht habe ich gewonnen.«

Otmar Stockburger wählte die Nummer. Es meldete sich eine hohe Stimme mit:

»Hallo, wel splicht da?«

»Hier spricht Otmar Stockburger aus St. Georgen. Ich habe von Ihnen eine Telefonnummer und möchte nun wissen, was ich gewonnen habe.«

Sofort wurde die Leitung unterbrochen.

Seit Kommissar Danilo Kötter seiner Assistentin bei der Fastnachtsveranstaltung in Schonach einen Kuss gestohlen hatte, wollte er mehr. Nach den sehr langen Telefongesprächen mit seiner Mutter, die ihn meist mit Vorwürfen überhäufte, sehnte er sich nach einer liebevollen Frau. Sandra verfolgte ihn immer mehr in seinen Träumen. Seine Traumfrau! So stellte er sich seine zukünftige Frau vor. Er überlegte krampfhaft, wie er zum Traummann dieser bisher ihm gegenüber etwas reservierten Frau aufsteigen könnte. Vermutlich führte der Weg zum Herzen dieser alleinerziehenden Mutter über ihren Sohn Lukas. Hatte sie ihm nicht eine Wanderung auf dem Flößerpfad versprochen? Im Kommissariat sprach er Sandra darauf an.

»Gern, mein Sohn Lukas hat gerade Osterferien und da muss ich etwas Action bieten. Dabei lernt er etwas über die Flößerei im Schwarzwald.«

»Gut, zur Zeit ist es im Kommissariat etwas ruhiger, dann wandern wir doch schon morgen die 22 Kilometer von Wolfach bis nach Alpirsbach.«

»Nein, wir wandern die Kinzig abwärts von Loßburg 77 bis Alpirsbach 78, insgesamt etwa 10 Kilometer und wenn du dann noch fit bist, weiter in Richtung Wolfach.«

Sandra und Lukas legten einen strammen Schritt vor, dem Danilo als ungeübter Wanderer gerade noch so folgen konnte. Bei den Schautafeln gab es kurze Verschnaufpausen und als sie nach 10 Kilometern Alpirsbach erreichten, wollte sich Danilo einer gerade beginnenden Führung durch die Klosterbrauerei anschließen.

»Doch nicht mit einem Sechsjährigen«, tadelte ihn Sandra.

Weiter ging es bis Schiltach [79]. Hier kapitulierte Danilo und spendierte Sandra und Lukas ein großes Eis. Auf die Frage nach der Rückfahrt zum geparkten Auto sagte Sandra:

»Mit der Bahn oder mit dem Bus. Gut wäre für dich, wenn du als Schwarzwald-Tourist eine Konus-Gästekarte [80] besitzen würdest, dann hättest du freie Fahrt.«

Sandra erklärte Danilo, dass fast alle Schwarzwaldtouristen mit der Gästekarte in ihrem Ferienort eine Konus-Karte erhalten. Danilo zahlte die Rückfahrt nach Loßburg und er war sich sicher, dies war ein weiterer Schritt in Richtung zur Eroberung von Sandra.

Fast hätte Otmar Stockburger das Klingeln nicht gehört, so sehr beschäftigte er sich mit seiner Erfindung. Als er öffnete, stand der Chinese vor der Tür. Im Arm hatte er einen alten Regulator.

»Entschuldigung! Ich kenne Sie vom Uhlenmuseum. Sie sind sicher Uhlenfachmann. Können Sie diese Uhl reparieren?«

»Woher haben Sie meine Adresse?«

»Sie haben mich angelufen und Ihre Nummel stand auf Display.«

Stockburger war unschlüssig, doch der Chinese streckte ihm den Regulator entgegen. Dieses alte, für ihn bisher unbekannte Modell interessierte ihn.

»Kommen Sie rein!«

Der Chinese konnte ihm nicht genau erklären, was an der Uhr kaputt war. Stockburger fand nach dem ersten Anschein nichts, was auf einen Defekt bei der Uhr hindeutete. Er holte aus der Abstellkammer sein feines Uhrmacherwerkzeug, um der Sache auf den Grund zu gehen. Als er wieder zurück ins Wohnzimmer kam, hatte der Chinese seine halbfertige Kuckucksuhr in der Hand. Wütend fauchte ihn Stockburger an:

»Was tun Sie da?«

»Is intellesant. Ich kenne Leute, die zahlen viel Geld fül so etwas.«

»Verschwinden Sie! Aber schleunigst!«

Stockburger drückte dem Chinesen die Uhr in die Hand und bugsierte ihn umgehend hinaus.

Nur wenige Tage später bekam er einen Anruf von einer Firma ›Asiatica Export‹.

»Unser Verbindungsmann informierte uns über eine sehr interessante Kuckucksuhr. Wir möchten uns gerne mit Ihnen treffen. Wenn es so ist, wie unser Mann vermutet, wäre uns das Patent Ihrer Kuckucksuhr mehrere hunderttausend Euro wert.«

Stockburger schluckte.

»Ich kann mir Ihr Angebot mal anhören, aber nicht bei mir in der Wohnung.«

»Selbstverständlich! Passt Ihnen morgen Nachmittag um 15 Uhr im Park-Café in Königsfeld? Da können wir uns bei Kaffee und Kuchen ungezwungen unterhalten.«

»Gut ich komme, aber ich bringe meine Freundin mit. Vier Ohren hören besser als zwei.«

»Abgemacht! Wir sind pünktlich!«

An einem Ecktisch des Cafés saßen drei gelbhäutige Männer. Stockburger steuerte darauf zu und bemerkte das Fehlen des Chinesen, den er aus seiner Wohnung verwiesen hatte. Diese drei gut gekleideten Chinesen, machten auf ihn einen Vertrauen erweckenden Eindruck. Er stellte sich und seine Freundin den freundlich lächelnden Männern vor. Alle drei überreichten ihre Visitenkarten und gaben sich als für die Technik und den Vertrieb zuständigen Manager einer großen chinesischen Uhren-Exportfirma zu erkennen. Nach der Bestellung bei der Bedienung kam Stockburger gleich zur Sache. Er schilderte ausführlich seine fast fertige Erfindung einer Werbe-Kuckucksuhr und stieß dabei auf großes Interesse. Als Gabriele den Wortführer fragte, warum er so gut deutsch spreche, verwies dieser auf sein Studium in Dresden. Der Chinese stellte Stockburger mehrere Fragen, die dieser offensichtlich erschöpfend beantworten konnte. Auf die Frage, welche Kaufsumme er sich vorstelle, nannte Stockburger eine Summe von 500.000 Euro. Daraufhin sprachen die Männer heftig in chinesischer Sprache untereinander. Deutsch sagte der Chinese:

»Also, Herr Stockburger! Es ist für uns unglaublich, was die Deutschen alles erfinden, doch beim Vertrieb der Produkte sind wir Weltmeister. Ihre Erfindung erscheint uns sehr, sehr interessant, wegen des genannten Preises von 500.000 Euro müssen wir allerdings erst unsere Zentrale in Hongkong kontaktieren. Bis wann denken Sie ist Ihre Erfindung fertig?«

»Das dreht sich nur noch um drei bis vier Tage.«

»Gut, dann melden wir uns in den nächsten Tagen wieder.«

Auf der Rückfahrt nach St. Georgen kam es im Auto zwischen den beiden Schwarzwäldern zu einem heftigen Streit.

»Otmar, jetzt verstehe ich endlich genau, an was du in den letzten Monaten gebastelt hast. Eine tolle Idee, deine Werbe-Kuckucksuhr. Du wirst doch nicht das Patent den Chinesen verkaufen. Chinesen sind für mich alles Gangster.«

»Keine Vorurteile, Gabriele. In jedem Volk gibt es Gute und Böse. Mir erscheinen dieses Herren mehr als seriös.«

»Otmar, bedenke doch die Chance für die heimische Uhrenindustrie. Die benötigt dringend einen neuen Aufschwung. Neue Arbeitsplätze entstünden. Denk daran, an vielen Arbeitsplätzen hängt auch eine Familie.«

»Soviel wie die Chinesen vielleicht zahlen, zahlt mir mein ehemaliger Arbeitgeber nie und nimmer. Außerdem erspare ich mir den Gang zum Patentanwalt und das langwierige Genehmigungsverfahren. Alle praktizieren inzwischen den Raubtierkapitalismus nur ich, ich soll jetzt wohl den Uhrensamariter von St. Georgen spielen.«

»Otmar, Geld ist nicht alles! Wenn du an die Chinesen verkaufst, sind wir geschiedene Leute.«

Den restlichen Weg legten sie schweigend zurück. Als Otmar beim Aussteigen Gabriele noch in seine Wohnung einlud, lehnte diese verschnupft ab. Otmar kam dies gerade recht, konnte er doch gleich wieder an seiner Erfindung weiter arbeiten.

Als er am Sonntag seinen Platz am Stammtisch wieder einnahm, schauten ihn seine Stammtischbrüder erwartungsvoll an.

»Was ist nun mit deiner geheimnisvollen Kuckucksuhr?«

»Ihr werdet es nicht glauben, dafür interessieren sich jetzt schon die Chinesen.«

»Ist nicht wahr!«

Stockburger erläuterte seine Erfindung und schilderte das Treffen mit den Chinesen. Den Streit mit Gabriele verschwieg er. Seine Idee schlug bei seinen ehemaligen Arbeitskollegen aus der Uhrenfabrik ein wie eine Bombe. Aufgeregt diskutierten sie die großen Chancen und die Bedeutung, die diese Erfindung für die derzeit schwache Konjunktur der St. Georgener Uhrenindustrie bedeuten könnte. Stockburger beteiligte sich an dieser Diskussion nicht. Auf die Frage, wem er nun sein Patent verkaufen wolle, zuckte er nur mit den Schultern.

Danilo Kötter überraschte seine Kollegin Inspektorin Lechner mit einer Einladung zu einem Abendessen in sein Stammlokal ›Best Western Hotel‹ von Triberg. Sandra wollte absagen, da ihr Sohn Lukas allein zu Hause wäre, doch Danilo ließ nicht locker:

»Ich habe morgen Geburtstag und bitte, lass mich nicht allein feiern. Versuch doch, ob deine Eltern auf Lukas aufpassen können.«

»Du kannst ja mit Lothar feiern.«

»Der kann nicht! Er hat ausgerechnet morgen Abend einen wichtigen Termin bei der Kripo in Offenburg.«

»Gut! Ich frage meine Eltern.«

Mutter Kötter wollte am Telefon ihrem Sohn gerade ausschweifend den Klatsch aus ihrer Nachbarschaft ausbreiten, da erklärte ihr Danilo, er hätte keine Zeit. Er wäre mit seiner Kollegin zum Abendessen verabredet. Tief beglückt beendete Mutter Kötter das Telefongespräch.

Der Ober begleitete Sandra und Danilo zum reservierten Tisch. Am Tisch nebenan saßen vier Männer, drei davon vermutlich Chinesen und der vierte vom Aussehen und der Kleidung her eher einheimisch. Danilo machte Sandra ein Kompliment für ihr Aussehen und bestellte ohne zu fragen gleich zwei Martini als Aperitif.

»Entschuldige, dass ich ohne dich zu fragen einfach bestelle. Weißt du, das ist Kult bei mir. Meine Kripo-Kollegen aus Potsdam und ich tranken immer Martinis, damit wir uns wie James Bond fühlten. Und du bist heute mein Bond-Girl.«

Nach dem Studium der Speisekarte bestellten sie, ohne sich vorher abzusprechen, beide ein Dreigang-Menü: Käsesuppe mit Schwarzwälder Schinken als Vorspeise, als Hauptgang Schweinekotelette mit

Zwetschgen, Bubaspitzle, Salat und als Dessert Apfelpfannkuchen mit Karamellapfel und Walnusseis. Auf die Frage von Danilo, was ›Bubaspitzle‹ seien, erklärte ihm Sandra:

»Bekannt sind diese auch als Schupfnudeln oder Fingernudeln aus Kartoffelteig. Den Namen bekamen diese nach der Form von Buben, ach du weißt schon, was ich meine.«

Dazu tranken sie einen badischen Spätburgunder Rotwein.

Am Nebentisch schien eine heftige Diskussion im Gange zu sein. Einige Gesprächsfetzen drangen herüber, darunter mehrmals das Wort Kuckucksuhr.

»Da fällt mir eine alte Geschichte ein«, sagte Danilo. »Unsere Familie, Vater war noch bei uns, machte Urlaub in Triberg. Ich war so wie dein Sohn Lukas etwa sechs bis sieben Jahre alt. In der gebuchten Ferienwohnung schliefen die Eltern im Schlafzimmer und ich auf einem Ausziehsofa im Wohnzimmer. An der Wand hing eine Kuckucksuhr. Tagsüber störte das nicht, doch nachts kam der Kuckuck ständig aus dem Türchen und meldete die Viertelstunden. Ich konnte nicht einschlafen, nahm einen Stuhl und stieg zum Kuckuck empor. Dann holte ich den hölzernen Schreihals hervor und klemmte ihn mit dem Türchen ein.«

»Du hast …,« prustete Sandra. »Einfacher wäre es gewesen, du hättest das Pendel angehalten.«

»Aber dann wäre die Uhr stehen geblieben und mir fehlte dann die Zeitangabe.«

Sandra schüttelte sich vor Lachen.

Am Nebentisch wurden die Männer etwas lauter. Danilo verstand eine Million. Die Chinesen erhoben sich und murmelten W-Lan und Hongkong und verließen den Speisesaal in Richtung Rezeption. In diesem Moment klingelte das Handy des am Tisch verbliebenen Mannes.

»Gabriele, bist du in meiner Wohnung? Bleib da, ich komme bald. Ich verlange jetzt eine Million und wenn die Chinesen zahlen, dann unterschreibe ich. Bis später!«

Die drei Chinesen kamen zurück und zeigten schon von weitem den Daumen nach oben. Nachdem sie die Rechnung bezahlt hatten, verließen alle vier Männer den Raum und Danilo hatte den Eindruck, der Deutsche schien überglücklich zu sein. Er flüsterte zu Sandra gewandt:

»Wenn ich das richtig mitbekommen habe, zahlen dem die Chinesen eine Million Euro für eine Kuckucksuhr. Hier ist etwas faul, dazu muss man nicht einmal über einen kriminellen Riecher verfügen. Lass uns morgen recherchieren.«

Sie tranken noch ein weiteres Glas Wein und unterhielten sich ausgezeichnet. Danilo begleitete Sandra nach Hause, die sich leicht beschwipst bei ihm am Arm einhängte. Vor der Eingangstür bedankte sich Sandra für den schönen Abend und entschuldigte sich, dass sie kein Geburtstagsgeschenk mitgebracht habe.

»Das kannst du wettmachen. Gib mir einen Kuss! Das wäre für mich das schönste Geburtstagsgeschenk.«

Sandra küsste ihn und bemerkte zum Abschied, auch ihr Sohn fände den Kommissar echt cool.

Entgegen ihrer bisherigen Gepflogenheiten rief Mutter Kötter bereits am Morgen ihren Sohn an und erkundigte sich, wie der gestrige Abend gelaufen sei. Danilo sprach von einem epochalen Fortschritt, beendete dann aber das Gespräch, weil er und seine Mitarbeiterin einen neuen Fall verfolgen wollten. Als Erstes rief Danilo im Best Western Hotel an, ob hier drei Chinesen übernachteten. Der Hotelier verneinte. Die folgenden Stunden telefonierten die beiden Kriminalbeamten mit den Rezeptionen der Hotels in der Region. Niemand konnte eine Logis von drei Chinesen bestätigen. Am späten Vormittag kam ein Anruf aus St. Georgen.

»Hier spricht Gabriele Schneider. Der Mann vom Polizeirevier St. Georgen nannte mir Ihre Nummer. Kommen Sie! Es ist etwas Furchtbares passiert. Mein Freund liegt erschlagen in seiner Wohnung.«

Danilo und Sandra fuhren umgehend zu der angegebenen Adresse. Die Wohnung befand sich in einem fürchterlichen Zustand. Überall lagen Gegenstände verstreut: Schubladen herausgerissen, Schranktüren standen offen und die Matratze war aufgeschlitzt. Vor den herab gerissen Vorhängen heulte eine Frau. Diese gab sich als Anruferin und Lebensgefährtin von Otmar Stockburger zu erkennen und zeigte ihnen die Leiche, die blutüberströmt mit eingeschlagenem Schädel am Boden lag. Die beiden Beamten erkannten in ihm sofort den Tischnachbarn vom Vorabend.

»Schuld bin ich«, jammerte die Frau.

»Bitte beruhigen Sie sich und erzählen Sie uns, warum Sie schuld sind.«

»Mein Freund Otmar kam gestern Abend aus Triberg zurück. Er traf sich mit drei Chinesen zu Vertragsverhandlungen für ein Patent. Er bat mich, in seiner Wohnung zu bleiben, bis er kommt. Als er kam, war er so euphorisch, wie ich Otmar noch nie erlebt hatte. Er umarmte mich und holte eine Flasche Sekt aus dem Kühlschrank. Immer wieder prostete er mir zu und berichtete vom größten Erfolg seines Lebens. Mit den Chinesen unterzeichnete er einen Vertrag über eine Million Euro, die er am nächsten Tag in bar für seine Kuckucksuhr einschließlich der Pläne erhalten sollte. Ausführlich schilderte er mir, was er sich alles anschaffen wollte, welche Reisen er unternehmen werde. Auf meine Frage, ob ich dabei auch einen Platz in seinen Träumen hätte, starrte er mich kurz an und verweigerte die Auskunft. Ich hielt mich zurück, doch er trank noch zwei Bier und eine halbe Flasche Kirschwasser. Otmar war so betrunken, dass er nur noch lallte. Daraufhin brachte ich ihn ins Bett.«

Danilo unterbrach die Frau: »Und warum sind Sie schuld?«

»Otmar erfand eine Kuckucksuhr, bei der der Kuckuck alle Viertelstunde einen Firmennamen rufen kann. Ein Knüller für die Werbewirtschaft und vermutlich käme es zu einer weltweiten Verbreitung dieser Erfindung. Ich bin mit der Schwarzwälder Tradition eng verbunden und mich stören jetzt schon diese vielen Kitschuhren, die in China produziert und hier verkauft werden. Mit dieser billigen Fernostware konnte unsere Uhrenindustrie nicht mithalten. Daher verstand ich auch nicht, warum Otmar diese Erfindung nicht der heimischen Uhrenindustrie verkaufen wollte. Da er mit dieser Million, die von den Chinesen bar und steuerfrei in der Wohnung übergeben werden sollte, auch mich nicht in seine Zukunftspläne mit einbeziehen wollte, bekam ich eine ungeheure Wut. Nachdem Otmar betrunken im Bett lag, nahm ich das Kuckucksgehäuse und die Pläne und verfeuerte sie im Kachelofen. Dann nahm ich einen Hammer und zerschlug die komplette Mechanik. Übrig blieben nur noch die gebrochenen Einzelteile sowie die Ketten und Gewichte. Damit wollte ich erreichen, dass das Geschäft mit den Chinesen platzt und Otmar die Uhr erst wieder neu entwickeln musste. In dieser Zeit wollte ich ihn beeinflussen, seine Erfindung doch der St. Georgener Uhrenindustrie zu verkaufen. Auf keinen Fall wollte ich mit der Vernichtung der Erfindung den Tod meines Freundes verursachen.«

»Und was passierte dann?«

»Ich übernachtete in meiner Wohnung. Heute Vormittag gegen 11 Uhr dachte ich, er hätte nun wohl seinen Rausch ausgeschlafen und wollte ihn aufsuchen. Kaum hatte ich aufgesperrt, sah ich das Durcheinander in der Wohnung und fand den toten Otmar. Ich bin schuld, denn vermutlich kamen die Chinesen mit der Million, um das vereinbarte Geschäft abzuwickeln. Nachdem Otmar keine Kuckucksuhr und keine Pläne zeigen konnte, bekamen sie sicher eine ungeheure Wut und erschlugen ihn. Anschließend suchten sie, dem Tohuwabohu nach zu urteilen, die Pläne.«

»Frau Schneider, bitte kommen Sie mit uns! Die Wohnung wird nun kriminaltechnologisch untersucht.«

Die Beerdigung auf dem Waldfriedhof von St. Georgen fand einige Tage später statt. Wegen ihrer Schuldgefühle hatte sich Gabriele Schneider bereit erklärt, die Beerdigungskosten von Otmar Stockburger zu übernehmen. Dem zuständigen Sozialamt kam dies sehr gelegen, so konnten sie sich die Kosten für eine anonyme Bestattung sparen. Stockburger hatte weder Angehörige noch ein Sparguthaben. Seine Stammtischbrüder kamen eine Stunde vor der Erdbestattung an den Sarg und überredeten die Friedhofsangestellten, den Sargdeckel etwas anzuheben. So war es ihnen möglich, ihrem Otmar eine kleine Kuckucksuhr in den Sarg zu legen. Für sie wurde nicht nur Otmar beerdigt, sondern auch eine große Chance für die Schwarzwälder Uhrenindustrie. Nur wenige Leute wohnten der Beerdigung bei. Gabriele ging schluchzend hinter dem Sarg her. Nachdem der Sarg beigesetzt war, kondolierten die wenigen Trauergäste Gabriele Schneider. Als Letzter reihte sich Kommissar Danilo ein.

»Frau Schneider, Sie brauchen keine Schuldgefühle zu haben. Wir haben Interpol eingeschaltet. Bei diesem Geschäft war alles getürkt. Es gibt keine Firma ›Asiatica Export‹ in Hongkong. Auch die aufgedruckten Namen auf den sicher gestellten Visitenkarten bedeuten bei uns so was wie Meier, Müller, Schmitt und diese Namen gibt es in China zu hunderttausenden. Nachforschungen bei den Rechenzentren aller Banken ergab, dass an diesem Todestag bei keiner Bank oder Sparkasse eine Million Euro in bar abgehoben wurde. Jeden Gegenstand aus der Wohnung konnten wir als Mordwaffe ausschließen. Dies lässt den Schluss zu, dass die Chinesen bereits mit der Absicht des Mordens in die Wohnung gekommen sind. Ich weiß nicht, ob Ihnen diese Informationen Ihren Schmerz lindern können?«

Gabriele Schneider drückte dem Kommissar die Hand und flüsterte mit tränenerstickter Stimme: »Danke!«

FREIZEITTIPPS:

69 Ravenna-Schlucht. Etwa vier Kilometer lange, wildromantische Schlucht mit der 37 Meter hohen Ravenna-Brücke, einem Viadukt der Höllentalbahn. Wandervorschlag: Für trittsichere Wanderer geht es auf einem Wurzelpfad über Stege, Brücken und Treppen über den reißenden Wildbach Ravenna mit Sicht auf mehrere Wasserfälle und Mühlen.

70 Höllental. Ein etwa zehn Kilometer langes Felsental, das die gut ausgebaute B31 zwischen Hinterzarten und Freiburg durchquert.

71 Hofgut Sternen. Hier logierte schon Goethe. Besichtigung der Glasbläserei und St. Oswald-Kapelle.

72 Deutsches Phonomuseum. Lehrreiche Ausstellung mit antiquarischen Kuriositäten bis zu aktuellen HiFi-Stereo-Anlagen. Sammlerbörse jeweils am Samstag nach Fronleichnam in der Stadthalle von St. Georgen.

73 Fahrradtouren: St. Georgen-Peterzell-Stockburg und durch das Groppertal der Brigach entlang bis nach Villingen oder ab Peterzell links abbiegen nach Königfeld-Buchenberg zurück nach St. Georgen. Beide Touren sind etwa 15 Kilometer lang.

74 Königsfeld. Niederlassung der Herrenhuter Brüdergemeinde. Albert-Schweitzer-Haus. Sonnen-Erlebnispfad. Beheiztes Freibad.

75 Nikolauskapelle in Buchenberg. Kunsthistorisches Kleinod aus dem Ende des 11. Jahrhunderts. Beliebte Hochzeitskapelle.

76 Deutsches Uhrenmuseum in Furtwangen. Eine der größten Uhrensammlungen weltweit.

77 Loßburg. Naturpfad 1,8 Kilometer rund um die Kinzigquelle. Heimatmuseum Altes Rathaus.

78 Alpirsbach. Klosterkirche und Klostermuseum. Privatbrauerei Alpirsbacher Klosterbräu.

79 Schiltach. Dreieckig ansteigender Marktplatz mit Fachwerkhäusern und dem bemalten Rathaus mit Zinnengiebel. Gerberviertel. Hansgrohe Aquademie. Kloster Wittichen mit der barocken Pfarrkirche. Geologischer Lehrpfad.

80 Konus-Gästekarte. Freie Fahrt auf fast allen Bahnen im Schwarzwald ohne Bergbahnen und IC-Zügen sowie bei allen Bussen.

HAU DEN LUKAS

Um Überstunden abzufeiern, kam Inspektorin Sandra Lechner schon am Nachmittag nach Hause. Dabei überraschte sie ihren Sohn Lukas, wie er im Bad gerade versuchte, blaue Stellen in seinem Gesicht mit ihrer Tagescreme zu übertünchen.

»Was tust du da?«

Sichtlich verlegen gab ihr Sohn keine direkte Antwort, sondern murmelte etwas von gestürzt. Auch seine dreckige Kleidung deutete auf einen Sturz hin und Sandra forderte Lukas auf, sich auf der Stelle umzuziehen. Dieser Anordnung kam Lukas erst nach intensivem Drängen nach. Als er in der Unterhose dastand, entdeckte Sandra, dass der Körper ihres Sohnes eine Menge blauer Flecken und sogar einige Blutergüsse aufwies.

»Lukas, nun aber heraus mit der Sprache. Was ist passiert?«

Lukas begann zu weinen und gestand seiner Mutter, dass ein paar Schüler ihn in der Schulpause hin und her geschubst und ihn schließlich zu Boden geworfen hatten. Nach mehrmaligem Nachfragen erfuhr sie auch den Grund der Tätlichkeit. Schüler aus der achten Klasse bedrohten die Erstklässler und verlangten einen Teil ihres Taschengeldes. Auch Lukas sollte fünf Euro mitbringen und als er sich weigerte, stießen sie ihn hin und her und drohten ihm mit weiteren Schlägen, falls er ihrer Forderung nicht nachkäme.

»Und die Lehrkräfte? Es gib doch sicher eine Pausenaufsicht?«

»Ach die, die haben schon längst vor diesen rabiaten Hauptschülern kapituliert und ziehen sich während der Pause lieber in eine Ecke zurück, um zu rauchen.«

»Unglaublich! Morgen früh gehe ich mit dir zum Rektor der Schule.«

Lukas war damit nicht einverstanden, doch seine Mutter bestand darauf. Sie zeigte am nächsten Tag dem Rektor die blauen Flecken ihres Sohnes und empörte sich:

»Da wähnt man als Mutter sein Kind in der Schule gut aufgehoben. Dabei ist es kriminellen Machenschaften ausgesetzt und die Lehrkräfte schauen weg.«

»Frau Lechner, Sie haben keine Ahnung vom Tatort Schule. Besonders in Grund- und Hauptschulen hat sich in den vergangenen Jahren die Kleinkriminalität um ein Mehrfaches verstärkt. Wir tun unser Möglichstes, um die massiven Erziehungsfehler der Eltern zu korrigieren. Viele meiner Kolleginnen und Kollegen befinden sich bereits in psychologischer Behandlung. Wir anderen, wir versuchen so gut es geht über die Runden zu kommen und retten uns von einer Ferienzeit zur nächsten.«

»Das heißt im Klartext, Sie unternehmen nichts, um meinen Sohn zu schützen?«

»Was sollen wir unternehmen? Solche Vorfälle kommen mehrmals die Woche vor. Vermutlich waren es wieder Elvis, Marco, Mehmet und Alf. Wenn ich die Eltern von diesen einbestelle, kommt höchstens deren Rechtsanwalt. Die haben alle eine Rechtsschutzversicherung. Und wenn wir die Schüler zur Rede stellen, bekommen wir nur unflätige Beschimpfungen, wie pädagogische Dumpfbacken und Naziaufseher.«

Sandra Lechner gab sich als Kriminal-Inspektorin zu erkennen.

»Wenn Sie einverstanden sind, schicke ich Ihnen unseren Kommissar Kötter als Präventiv-Maßnahme zu einem Vortrag gegen Gewalt.«

»Viel verspreche ich mir davon nicht. Aber einverstanden!«

Sandra kam etwas später ins Kommissariat. Danilo wollte Sandra küssen, doch diese wehrte ab:

»Herr Kommissar, ich glaube kaum, dass Sie heute Geburtstag haben.«

»Ich hatte auch gestern keinen Geburtstag. Es war nur ein Vorwand, damit du endlich meine Einladung zum Abendessen annimmst.«

»Ihr Männer seid doch alle Schwindler, aber es war trotzdem ein schöner Abend.«

Sie schilderte Danilo das Gespräch in der Schule und nannte ihm einen Terminvorschlag des Rektors. Kötter erklärte sich sofort einverstanden und bereitete sich noch am Abend auf den Vortrag vor, der nach einem kurzen Telefonat mit dem Rektor, bereits am nächsten Tag in der 8. Klasse der Hauptschule auf dem Stundenplan stand. Schon beim Eintreten ins Klassenzimmer schlug ihm kalte Ablehnung entgegen und ein Schüler flüsterte so laut, damit es alle hören konnten: »Der Bulle kommt wegen Lukas.« Ihr Desinteresse für den Vortrag zeigten die Schüler durch auf die Tische gelegte Füße und dem Tippen von SMS-Nachrichten. Erst als der Kommissar mit seinem Laptop Bilder von schlimmen Verletzungen an die Leinwand projizierte, die durch Schlägereien verursacht waren, kam etwas Interesse auf.

»Ey Alter, voll krass! Ich will diese Bilder downloaden, damit meine Kumpels sehen, wie man's richtig krachen lässt?«

Der Junge, der dies sagte, passte eigentlich gar nicht in die 8. Klasse, denn mit seiner Größe von weit über 1,80 Meter überragte er seine 14-jährigen Mitschüler beträchtlich. Kötter nutzte nun dieses Interesse, um darzulegen, dass man Konflikte auch mit Diskussionen ausfechten könne und nicht immer gleich mit den Fäusten. Er schlug vor, sich erst geistig in die Lage des Gegenübers zu versetzen, damit man seine Reaktionen besser verstehen könne. Weiter erklärte er die Transaktionsanalyse, nach der eine gute Kommunikation stattfindet, wenn man den anderen und sich selbst okay findet. Bei der Erklärung zum Erwachsenen-Ich, bei dem der Gesprächspartner sich selbst okay findet, aber den anderen nicht und mit autoritärer und patriarchalischer Kritik Gehorsam verlangt, schrie der Klassenlehrer:

»Benehmt euch mal anständig. Der Kommissar kommt extra zu uns, um euch etwas beizubringen!«

»Typisches Eltern-Ich«, dachte der Kommissar. »Vielleicht wäre eine Schulung der Lehrkräfte vorab sinnvoller gewesen.«

Er fuhr in seinem Vortrag weiter und sprach vom ›umhegenden Eltern-Ich‹.

»Wenn euch die Eltern sagen, um 23 Uhr seid ihr vom Discobesuch zu Hause, so geschieht dies nicht aus purer Boshaftigkeit, sondern mehr aus Angst, euch könnte etwas passieren.«

Zu diesem Zeitpunkt sprach er längst wieder gegen die Wände. Seine Appelle an eine positive Grundeinstellung, Vorurteile abzubauen, Teilnahme an den Problemen der anderen und die Suche nach Problemlösungen fanden längst keinen Eingang mehr in die Ohren der Schüler. Der Lehrer bedankte sich bei Kommissar Kötter für die lehrreiche Veranstaltung und schickte die Schüler vorzeitig in die Pause.

Am nächsten Tag fragte Sandra:

»Wie ist denn dein Vortrag gestern angekommen?«

»Frag nicht! Alle hatten null Bock und als ich endlich etwas Aufmerksamkeit erzielte, platzte der Lehrer in meine Ausführungen und machte alles zunichte. Ich weiß nicht, was die an der Pädagogischen Hochschule für ein Konfliktmanagement lernen. Du hättest einmal sehen sollen, wie auch der Klassenlehrer gelangweilt am Unterricht teilnahm. Die Lehrkräfte müssten sich meiner Meinung nach mehr als Vorbild präsentieren und bräuchten mehr Feuer, denn nur wer innerlich brennt, kann andere anzünden.«

Sandra blätterte in den Unterlagen.

»Übrigens kam kurz vorher eine Meldung von der Bahnpolizei. Ein Lokomotivführer beschwerte sich bei denen, in letzter Zeit springen Jugendliche öfter am Tunnelausgang, kurz bevor der Zug kommt, von den Gleisen. Er vermutet, wer als Letzter springt, hat das Spiel gewonnen. Es sind immer vier, davon ist einer um einen Kopf größer.«

»Dann weiß ich schon, wer diese Jugendlichen sein könnten. Die Bahnpolizei bekommt von mir einen

Tipp, aber mehr können wir zurzeit nicht tun. Die Diebstähle haben bei uns derartig zugenommen, besonders beim Discounter. Der Hausdetektiv steht wegen Erfolglosigkeit kurz vor seiner Entlassung. Sag der Bahnpolizei, sie sollen sich um ihren eigenen Kram kümmern, aber natürlich in netten Worten, wie zum Beispiel: Bitte haben Sie Verständnis, dass …«

»Apropos Bahn, ich habe für Sonntag zwei Fahrkarten von meinen Eltern für eine Fahrt mit der ›Sauschwänzlebahn 81‹ geschenkt bekommen. Sie haben diese Karten bei einem Preisausschreiben der Tageszeitung gewonnen. Sie wollen die Fahrt nicht antreten. Lukas ist neuerdings etwas komisch und will auch partout am Sonntag nicht mit dem Dampfzug fahren und bei den Großeltern bleiben. Kommst du mit? Sonntag, 10.05 Uhr ab Blumberg 82?«

»Gern! Ein komischer Name, diese Sauschwänzlebahn. Ich kenne das von der Schwäbischen Eisenbahn, wonach ein Bauer seinen Ziegenbock an den letzten Wagen hängte und der Bock kam dann elendiglich um. Vermutlich hat hier ein badischer Bauer sein Schwein angehängt?«

»Nein, was denkst du! Den Namen erhielt die Bahn wegen der Streckenführung, die dem Ringelschwänzchen der Sau ähnlich ist.«

Die zweistündige Fahrt nach Weizen und wieder zurück nach Blumberg genoss Danilo sehr. Kannte er bislang nur die Schmalspurbahnen vom Ostseebad Kühlungsborn mit der ›Molly‹ nach Bad Doberan und den »Rasenden Roland« auf der Insel Rügen. Sandra hingegen konnte diese Fahrt nicht aufmuntern. Sie grübelte ständig darüber, warum sich Lukas so komisch gab. Als sie Lukas gegen 20 Uhr ins Bett brachte, sprach sie ihn darauf an:

»Lukas, heraus mit der Sprache. Was ist los?«

»Dann gelte ich wieder als Petze. Seit du beim Rektor vorgesprochen hast, meiden mich die anderen Schüler. Zwar erpressen mich jetzt Elvis und die anderen nicht mehr, aber ich fühle mich so ausgestoßen. Auch zur Facebookparty wurde ich nicht eingeladen. Ich hörte nur davon, als ich auf der Toilette saß und zwei Jungs sich darüber unterhielten.«

»Um Gotteswillen, Facebookparty? Wo und wann findet die statt?«

»Ich will nicht petzen!«

»Lukas, wir von der Polizei wissen aus Erfahrung, was dabei alles passieren kann. Sohnemann, jetzt aber Einzelheiten, sonst bekommst du Ärger mit mir!«

Lukas zierte sich erst noch, begann aber dann doch Details zu nennen.

»Die hat schon um 17 Uhr begonnen. Genau genommen handelt es sich um eine ›Bottle-Party‹ mit dem Thema Beerweine, zu der Elvis eingeladen hatte. Jeder der Teilnehmer soll mindestens eine Flasche Heidelbeer-, Johannisbeer- oder Erdbeerwein als Eintritt mitbringen.«

»Und wo soll das Ganze stattfinden?«

»Am Teufelstritt bei den Schonacher Schalensteinen 83.«

Sofort stürzte Sandra zum Telefon und informierte ihren Vorgesetzten. Kommissar Kötter holte sie umgehend ab. Da die Inspektorin Lechner über genaue

Ortskenntnisse verfügte, erreichten sie schnell den Eingang zum Naturerlebnispfad in Schonach. Jugendliche standen einzeln oder in Gruppen herum, rauchten und tranken aus Flaschen oder küssten sich. Danilo fragte ein Mädchen nach Elvis und sie beschrieb ihm den Weg zum ›Teufelstritt‹. Die beiden Kriminalbeamten gingen die 300 Meter durch den Wald und sahen einen lang aufgeschossenen, etwa 16-jährigen Kerl, der ein ungefähr gleichaltriges Mädchen intensiv küsste. Danilo stellte sich daneben und wartete. Die beiden ließen sich jedoch in ihrer Kussorgie nicht stören. Deshalb verlor Kommissar Kötter langsam die Geduld.

»Sind Sie bald fertig mit Ihrer Mandelreinigung?«

Der Junge drehte sich um.

»Ach, der Herr Kommissar! Wollen Sie uns jetzt einen Vortrag über Kusstechniken halten?«

»Ich nehme an, Sie sind Elvis, der Organisator dieser Facebook-Party?«

»Was dagegen? Klar habe ich eingeladen und ich kann mir auch ausrechnen, wer euch beide eingeladen hat.«

»Bitte geben Sie mir Ihre Personalien! Und falls Sie sich weigern, bekomme ich diese von der Schulsekretärin. Sie bekommen eine saftige Anzeige. Diese Party ist nicht genehmigt und verstößt gegen das Versammlungsverbot. Dies auch wegen der Gefahrenabwehr, denn die Jugendlichen rauchen hier im Wald. Außerdem müssen wir noch klären, ob hier Alkohol an Minderjährige verkauft wurde. Ich verlange von Ihnen auf der Stelle, die Party aufzulösen.«

»Wie stellen Sie sich das vor? Die Partygäste können sich jederzeit im Wald verstecken und verschiedene sind schon ganz schön betrunken.«

In der Zwischenzeit nahm Inspektorin Lechner einem stark betrunkenen Mädchen eine Flasche Heidelbeerwein ab.

»Elvis, sehen Sie, was Sie mit Ihrer Bottleparty anrichten. Das Mädchen kann kaum noch stehen.«

»Das ist nicht mein Bier, wenn diese Göre zuviel säuft. Das süße Zeug schmeckt zwar gut, geht aber sofort in den Kopf. Lösen Sie doch die Party auf!«

»Dazu sind wir mit zwei Beamten unterbesetzt. Hier im dem Waldgebiet wäre eine Hundertschaft der Polizei notwendig. Sie hören wieder von uns und die Kleine nehmen wir mit zur Ausnüchterung.«

Auf der Fahrt übergab sich das Mädchen auf dem Rücksitz im Auto, was die sowieso schon beträchtlichen Kosten für die Übernachtung in der Ausnüchterungszelle für die Eltern noch weiter in die Höhe trieb.

Als Inspektorin Lechner sich am nächsten Tag beim Polizeirevier von St. Georgen erkundigte, ob das Mädchen in der Ausnüchterungszelle vernehmungsfähig sei, kam als aktuelle Meldung ein Leichenfund am Schalenstein-Wanderweg. Ein Tourist hatte beim Geisterfelsen eine unbekleidete Leiche eines jungen Mädchens gefunden. Kommissar Kötter und seine Kollegin sahen dann vor Ort das zirka zwölfjährige Mädchen mit auffallenden Würgemalen am Hals liegen. Ihre Vermutung einer Vergewaltigung mit anschließender Tötung fand Tage später durch die kriminaltechnischen

Untersuchungen eine Bestätigung. Inzwischen hatten die Beamten auch die Adresse von Elvis Nymeier von der Schulsekretärin bekommen und die Anzeige gegen ihn wegen Verstoßes des Versammlungsverbotes und eine weitere Anzeige gegen unbekannt wegen Alkoholmissbrauchs bei Jugendlichen auf den amtlichen Weg gebracht. Doch die Leiche erforderte eine weitere Handlungsweise.

»Sandra, besorge bei der Staatsanwaltschaft einen Hausdurchsuchungsbefehl bei den Nymeiers und die Genehmigung zu einer Speichelprobe von Elvis.«

Im Haus von Nymeiers fanden sie eine mit Kartons und leeren Konservenbüchsen vermüllte Wohnung vor. Vater Nymeier streckte ihnen zur Begrüßung gleich eine halbvolle Schnapsflasche entgegen und Mutter Nymeier qualmte aufgeregt eine Zigarette nach der anderen. Die Kriminalbeamten informierten die Eltern über die Party.

»Er ist ja so ein lieber Junge. Wir leben von der Sozialhilfe und unser Sohn unterstützt uns, wo er nur kann. Er arbeitet so hart, dass er für die Schule keine Zeit hat. Stellen Sie sich vor, uns zuliebe besucht er schon zum dritten Mal die 8. Klasse. Er bringt uns Getränke, Essen und schauen Sie sogar einen ganz modernen Flachbildfernseher schenkte er uns zu Weihnachten.«

Endlich riefen die beiden nach Elvis, der seinem Unmut über das erneute Treffen mit der Kriminalpolizei freien Lauf ließ.

»Genügt es nicht, wenn Sie mich anzeigen. Müssen Sie jetzt auch noch meine Eltern belästigen?«

»Es geht nicht um Ihre Eltern, sondern um einen Mordfall bei Ihrer Facebook-Party.

»Damit habe ich nichts zu schaffen!«

»Das werden wir ja feststellen. Hier haben wir die Genehmigung, von Ihnen eine Speichelprobe zu nehmen. Außerdem konfiszieren wir Ihren Computer, um festzustellen, welche Facebookfreunde Sie zu Ihrer Party geladen haben.«

Die Speichelprobe ließ Elvis ohne Gegenwehr geschehen. Ärger gab es bei der Wegnahme des Computers.

»Den brauche ich zum Lernen!«

Kötter musste schon kräftig zupacken, um das Gerät an sich zu nehmen.

Nach der erfolgten DNA-Analyse bestand kein Zweifel an der Unschuld von Elvis. Allerdings stand Elvis neuer Ärger ins Haus. Als aufmerksamer Beobachter beim Besuch der Nymeiers entging dem Kommissar nicht, dass die Getränke und die Dosen sowie der Fernseher vom gleichen Discounter stammten. Kötter informierte den Hausdetektiv und der fand heraus, dass Elvis zweimal die Woche als Regal-Auffüller bei ihnen arbeitete. Beim Erfahrungsaustausch zwischen den beiden Detektiven konnte Kötter von seiner Erfahrung aus Potsdam berichten:

»Es kommt nicht so oft vor, doch das Prinzip ist ganz einfach. Aus dem Lager kommen die leeren Kartons in einen großen Container, der meist hinter dem Gebäude steht. Der Dieb oder die Diebin steckt einen vollen Karton in einen größeren leeren und entsorgt diesen. Nachts steigt der Dieb in den Container und findet dann die vollen Kartons zum Abtransport.«

Der Hausdetektiv leitete sofort eine Hausdurchsuchung bei Nymeiers ein, bei der eindeutig einige Waren als gestohlenes Eigentum des Discounters definiert werden konnten.

Für Kötter und Lechner begann aufgrund der Unschuld von Elvis am Mord des Mädchens die Suche nach der berühmten Stecknadel im Heuhaufen. Die Computerauswertung ergab, dass insgesamt 198 Personen die Einladung zur Facebookparty erhalten hatten. Wie viele der Einladung folgten, konnte nicht ermittelt werden. Die Schätzungen einiger Befragten schwankten zwischen 100 und 150.

»Wir können doch nicht von allen Personen eine Speichelprobe nehmen«, stöhnte die Inspektorin. »Außerdem hat uns die Bahnpolizei um Amtshilfe gebeten. Wieder sprangen Jugendliche am Tunnelausgang knapp vor dem Zug von den Gleisen.«

»Die sollen ihren Sch…, fast hätte ich das schmutzige Wort in den Mund genommen, selbst erledigen. Als Erstes wenden wir uns an den Internetbetreiber Facebook. Die Polizei und sogar der amerikanische Geheimdienst CIA haben hier laut Gesetz Zugriff zu allen Personendaten. Auch wenn manche sich unter falschem Namen anmelden, so kann man doch den Facebooknutzer zurückverfolgen. Der Abgleich mit den Schülern der Grund- und Hauptschule wird uns Arbeit für Tage bescheren. Aber irgendwo müssen wir anfangen.«

Die Datenbereitstellung dauerte seine Zeit. Danilo hatte Lukas gegenüber ein schlechtes Gewissen, da er für ihn mit der Sauschwänzlebahn gefahren war. Deshalb schlug er für Sonntag einen gemeinsamen Ausflug vor. Lukas sollte unter zwei Möglichkeiten wählen können. Zur Wahl standen die Wutachschlucht [84] bei Bonndorf oder der Wildpark Löffingen [85]. Lukas entschied sich für den Wildpark.

»Danilo, warum Sonntag? Am Donnerstag ist Fronleichnam und damit Feiertag.«

»Fronleichnam? Das gibt es bei uns im evangelischen Brandenburg nicht. Ihr im Süden habt mehr Feiertage als wir und trotzdem ist hier die Wirtschaftskraft erstaunlicherweise größer als bei uns.«

»Wir schwätzet halt net, sondern wir schaffe«, entgegnete Sandra. »Ich schlage vor, wir schauen uns erst die Fronleichnamsprozession und die tollen Blumenteppiche in Hüfingen [86] an und besuchen anschließend den schönen Wildpark.«

Danilo und Lukas erklärten sich einverstanden.

Der mühevolle Abgleich mit den Facebook-Daten und den Daten der Schule ergab nach vielen Stunden einen Treffer. Inspektorin Lechner konnte eine Person nicht direkt zuordnen. Bei weiteren Nachforschungen stieß sie auf einen der Polizei bekannten Sittlichkeitsverbrecher, der sich offensichtlich mit falschen Angaben als ›Facebookfreund‹ in die Kartei von Elvis eingeschlichen hatte. Da der Europäische Gerichtshof eine Sicherheitsverwahrung dieses Täters nach dessen Strafabbüßung nicht zuließ, sollte dieser von der

Polizei rund um die Uhr beschattet werden. Offenbar gab es hier eine Lücke und der Sittenstrolch fand bei der Facebookparty bei den Schonacher Schalensteinen ein weiteres Opfer. Bei der Festnahme gestand er sofort die Vergewaltigung und den Mord und war anscheinend froh, dass das ständige Versteckspiel mit der Polizei ein Ende fand.

Lukas' Großvater rief erregt an:

»Sandra! Dein Sohn kam gerade von der Schule in einem schrecklichen Zustand. Irgendein Schläger hat ihn schlimm zugerichtet. Bitte komm!«

Sandra entschuldigte sich bei Danilo mit der Bemerkung, es gäbe für sie etwas Wichtiges zu tun und eilte nach Hause. Lukas, der schlimme Wunden am Kopf hatte, weinte und gestand ihr, Elvis hätte ihm nach der Schule aufgelauert und verprügelt. Sie versorgte, so gut sie es konnte, die Wunden und fuhr mit Lukas zum Arzt. Der nähte die größeren Wunden und fotografierte für eine mögliche Strafverfolgung seinen Patienten. Anschließend brachte Sandra ihren Sohn zu Bett und als er schlief, machte sie sich wutentbrannt auf den Weg zur Schule. Im Rektorat brüllte sie den Schulleiter an und bezichtigte ihn als pädagogischen Versager. Dieser hörte diese Elternschelte wohl nicht zum ersten Mal. Er zuckte nur mit den Schultern.

»Frau Lechner, was sollen wir machen? Wir können nicht auch noch den Schulweg überwachen. Bitte gehen Sie zur Polizei!«

»Ich bin die Polizei!«

»Na, dann ist die Angelegenheit ja in den besten Händen.«

Zufällig traf sie auf dem Flur Elvis, der vom Nachmittagsunterricht aus dem Klassenzimmer kam.

Inspektorin Lechner schrie ihn an: »Das hat schwere Konsequenzen für Sie. Ich sorge dafür, dass Sie eingesperrt werden!«

Elvis antwortete ungerührt: »Eine Anzeige mehr oder weniger, was macht das schon. Und diese Petze von Lukas hat die Prügel mehr als verdient.«

Zornig verließ die Polizeibeamtin das Schulgebäude.

Tagelang blieb Lukas im Bett. Vor allem aber wollte er nicht mehr zur Schule gehen. Inzwischen machte sich auch Danilo um Lukas und vor allem auch um Sandra Sorgen, die ihre Arbeit sehr zerstreut verrichtete. Sie schwankte zwischen einem Schulwechsel für Lukas oder einer Anmeldung ins Internat. Letzteres verwarf sie sofort wieder. Mit ihrem Gehalt konnte sie sich für ihren Sohn einen Internatsaufenthalt für mehrere tausend Euro im Monat nicht leisten. Nach zwei Wochen hatte sich zwar der Gesundheitszustand von Lukas gebessert, doch dieser weigerte sich nach wie vor, die Schule zu besuchen. Um die beiden etwas aufzuheitern, schlug Danilo einen Besuch des Europaparks [87] in Rust vor, der sieben Kilometer westlich von Ettenheim [88] und südlich der Stadt Lahr [89] mit mehr als 85 Hektar der größte Freizeit- und Themenpark von Deutschland ist. Ein Volltreffer! Nicht nur Lukas schien begeistert, auch für Sandra ging ein lang gehegter Wunsch in Erfüllung. Sie rief voller Begeisterung:

»Aber wenn schon dann mit Übernachtung, um die über 100 Attraktionen auszukosten. Das habe ich mir immer schon gewünscht!«

An der Rezeption des von ihnen ausgesuchten Hotels ›Colosseo‹ bedeutete man ihnen, dass Einzelzimmer ausgebucht, aber Doppelzimmer und Suiten noch vorhanden sind. Sie entschieden sich für eine große Suite mit zwei Schlafzimmern. Lukas und Sandra lebten zur Freude von Danilo in diesem wohl in Europa einmaligen Park regelrecht auf. Diese atemberaubenden Achterbahnen würde Danilo für viel Geld nicht besteigen. Sandra hingegen liebte gerade diese wilden Fahrgeschäfte. Besonders der ›blue fire Megacoaster‹ hatte es ihr angetan. Danilo und Lukas konnten nur staunend zusehen. Sie standen davor, während Sandra lachend und winkend vorbei fuhr. Dabei legte Danilo liebevoll den Arm um die Schultern von Lukas und winkte mit der anderen Hand zurück. Müde von den vielfältigen Eindrücken legten sie sich spät abends glücklich und zufrieden in die Betten. Als in der Dunkelheit jemand zu Danilo ins Bett krabbelte, wusste er sofort, dass dies nicht Lukas sein konnte.

Mit einem unbeschreiblichen Glücksgefühl fuhren sie am nächsten Tag gegen Abend zurück nach Triberg. Am folgenden Tag gingen Danilo und Sandra im Kommissariat die eingegangenen Meldungen durch. Vom Jugendschöffengericht lag eine Kopie der Vorladung für Elvis Nymeier vor. Die Bahnpolizei meldete, dass ein inzwischen identifizierter Elvis Nymeier am Ausgang eines Tunnels vom Zug erfasst und zu

Tode geschleudert worden war. Bei beiden Kriminalbeamten machte sich so etwas wie Erleichterung breit.

»Dem Anschein nach hat dieses Mal der Zug das Spiel wer als Letzter von den Gleisen springt gewonnen. Da bleibt uns und der Gesellschaft für die Zukunft einiges erspart.«

»Und Lukas«, ergänzte Sandra, »muss nicht mehr die Schule wechseln.«

FREIZEITTIPPS:

81 Sauschwänzlebahn oder auch Kanonenbähnle genannt. Museumsbahn von Blumberg nach Weizen, Fahrzeit zirka eine Stunde. Diese 25,8 km lange Strecke, die in den Jahren 1887 bis 1890 angelegt wurde, sollte damals mit schweren Militärzügen befahren werden. Die Höhendifferenz von 231 Metern durfte deswegen nicht steiler als 1 % ansteigen. Dafür waren viele Schleifen, Tunnels und Viadukte erforderlich, darunter der einzige Kreisverkehrtunnel Deutschlands. Abfahrtsbahnhof ist Blumberg-Zollhaus.

82 Blumberg. Panoramabad. Sechs ausgewiesene Nordic-Walking-Strecken von 3 bis 12 Kilometer.

83 Schonacher Schalensteine. Eiszeitliche schalenförmige Felsformationen oder mystische Opferstätten. Ab dem ›Haus des Gastes‹ beginnt der Naturpfad entlang der verschieden geformten Steine. Interessenten erhalten bei der Touristinformation eine Wegekarte mit der Beschreibung der einzelnen Steine.

84 Wutach- und Gauchachschlucht. Gute Ausgangspunkte zu diesen eindrucksvollen Schluchten mit seltenen Pflanzen und Tieren sind das Dorf Boll oder das Gasthaus ›Schattenmühle‹, jeweils bei Bonndorf. Geführte Wanderungen durch die Wutach- und Gauchachschlucht sowie in die Loten-

bachklamm sind unter www.wutachschlucht-aktiv.de zu buchen. Eine vierstündige Exkursion ist während der Sommer-Hauptsaison auch mit dem ›Wutach-Ranger‹ möglich.

85 Wildpark Löffingen. Neben Bison, Braunbär, Luchs, Steinbock und Wisent gibt es viele weitere Tiere und Kinderattraktionen in dem bei Familien beliebten Schwarzwaldpark.

86 Hüfingen. 450 Meter Blumenteppiche zur Fronleichnamsprozession. Aquari-Hallenbad. Römische Badruine. Schulmuseum.

87 Europapark. Freizeitpark mit atemberaubenden Achterbahnen, Wildwasserbahn, Wasserrutsche, Freilichtbühne im spanischen Dorf, Revue, fantastische Shows, Kindertheater, Parkparade und vieles mehr. Für Übernachtungen gibt es mehrere 4-Sterne-Hotels.

88 Ettenheim. Sehenswerte Altstadt. Naturschutzgebiet Taubergießen. Im Ortsteil Ettenheim-Münster Kirche St. Landolin mit Silbermann-Orgel.

89 Lahr. Ende Oktober bis Anfang November ›Chrysanthema‹, ein farbenfroher Blütenzauber mit 10.000 Chrysanthemen auf einem Rundgang durch die sehenswerte Altstadt.

DER PFERDESCHÄNDER

Fast schwebend und überglücklich schritt die 24-jährige Braut am Arm ihres Bräutigams aus der barocken Wallfahrtskirche ›Maria in der Tanne‹ von Triberg. Seit der stilvollen Trauung durch den Bürgermeister im Rathaus von Triberg hieß sie nun Eleonore von Klingenstein, geborene Schwanenthaler. Sie genoss die bewundernden und teils neidischen Blicke ihrer ehemaligen Kolleginnen und Kollegen sowie der vielen Schaulustigen. Den Neid hatte sie sich erst verdienen müssen und nun wollte sie ihn auch auskosten. Deshalb hatte sie die Idee ihres 61-jährigen Bräutigams Dagobert, in Venedig zu heiraten, verworfen. Eine Heirat in der Lagunenstadt stellte sich Dagobert als den absoluten Höhepunkt in seinem bisherigen Leben vor. Abgesehen von seinen Marotten, die sich ältere Männer im Lauf des Lebens gerne aneigneten, hatte sie ihren Finanzmakler bereits fest im Griff und er erfüllte möglichst alle ihre Wünsche. Demnächst erfüllte sich der Wunschtraum der beiden Pferdeliebhaber: einen eigenen Pferdehof, den größten im Schwarzwald. Ihr Hippodrom, wie sie das Pferdecenter nennen wollten, würde die Wünsche der Reiter und Reiterinnen möglichst vollständig abdecken. Das bisherige Leben der 24-Jährigen war wie eine Achterbahnfahrt verlaufen. Nach einem überstandenen Krebsleiden im Alter von nur 14 Jahren bekam sie mit ihren Eltern einen vierwöchigen Therapie-Aufenthalt in der Nachsorgeklinik von Villingen-Tannheim genehmigt. In dieser

Schwarzwälder Klinik, die unter anderem auf Initiative von ›Fernsehprofessor‹ Klausjürgen Wussow aus der bekannten Serie Schwarzwaldklinik und Carl Herzog von Württemberg und dessen Frau Christine entstanden war, erlebte sie im Rahmen einer Therapie die erste Begegnung mit Pferden. Eine Erfahrung, die ihr Leben zukünftig bestimmen sollte. Der Krebs wütete in der Familie weiter und erst Vater und dann ein Jahr darauf die Mutter erlagen dieser heimtückischen Krankheit. Ihre Großeltern waren längst verstorben und die Verwandten weigerten sich, die inzwischen 16-Jährige aufzunehmen. Ein ihr wohl gesonnener Schulleiter vermittelte ihr eine Stelle auf einem Pferdehof in Oberkirnach bei St. Georgen im Schwarzwald. Die Arbeit als Pferdepflegerin bereitete ihr Spaß, doch nun mit dieser Heirat begann ein gesellschaftlicher Aufstieg, von dem sie niemals zu träumen gewagt hätte. Vor Jahren lernte sie Dagobert von Klingenstein bei einer Pferdeauktion im Haupt- und Landgestüt Marbach kennen. Es geschah bei der Versteigerung eines Pferdes. Sie entdeckte unvermittelt ihren Kollegen und damaligen Liebhaber Max, mit dem sie anreiste, ihn aber im Gedränge aus den Augen verlor, und winkte ihm zu. Ein älterer Herr hatte sich wohl im wahrsten Sinne des Wortes verguckt und verwechselte sie mit der Bieterin von nebenan, die in diesem Moment ihr Versteigerungsgebot anzeigte. Nach der Auktion meldete sich bei ihr dieser gut aussehende grauhaarige ältere Herr. Als Entschuldigung, dass er ihr dieses schöne Pferd im letzten Moment weggeschnappt hatte, lud er sie zu einem Glas Sekt ein. Es entspann sich ein lebhaftes

Gespräch unter Pferdekennern. Er erzählte von seinen hochtrabenden Plänen, für die er viele Pferde einkaufen wollte: Vollblutaraber, Schwarzwälder Kaltblüter und Schwarzwälder Füchse sowie Reitponys für Kinder. Ein großes Areal in Oberkirnach habe er bereits in seinen Besitz gebracht. Hier wollte er das größte Schwarzwald-Reitcenter bauen lassen. Ihre Sorge, dabei könnten die kleineren Betriebe in der Nähe in Konkurs gehen, zerstreute der Finanzjongleur mit den Worten, »das ist das Gesetz der Märkte, dass die Großen die Kleinen fressen«. Sie gab sich als betroffene Pferdepflegerin zu erkennen und er schlug ihr vor, doch auf der Stelle beim ihm anzufangen, da er für sein Vorhaben viele Leute benötige.

Vor der Kirche wartete bereits ein in Schwarzwälder Tracht gekleideter Mann mit einer geschmückten Kutsche auf das Brautpaar. Sandra und Danilo, die beiden Kriminalbeamten, befanden sich auf dem Weg zu einem dringenden Termin und kamen zufällig vorbei. Sandra rief:

»Danilo, eine Hochzeitskutsche. Davon träumte ich schon als kleines Mädchen!«

Danilo interessierte sich weniger für die Kutsche als für die beiden braunen Pferde mit der hellen Mähne. Er konnte sich nicht erinnern, diese Pferderasse schon einmal gesehen zu haben. Deshalb fragte er den Kutscher, der neben den Pferden auf das Brautpaar wartete.

»Das sind aber keine Haflinger?«

»Richtig, keine Haflinger, sondern Schwarzwälder Kaltblutpferde. Damit diese vom Aussterben bedrohte Rasse erhalten bleibt, gibt es neben dem staatlichen Gestüt in Marbach noch einige wenige Züchter im Schwarzwald. Ich bin einer davon. Machen Sie doch auch einmal eine Kutschfahrt! Hier ist meine Karte.«

Sandra begeisterte sich sofort für diese Idee und vereinbarte einen Termin mit dem Kutscher für den nächsten Samstag. Danilo drängte zur Eile, deshalb konnte Sandra die Braut nicht mehr sehen. Diese, mit einem langen weißen Seidenkleid, verziert mit aufgenähten Plauener Spitzen und mit Pailletten besetzt, mühte sich mit ihrem frisch angetrauten Ehemann unter den gekreuzten Golfschlägern hindurch, die befreundete Golfspieler als Spalier bildeten. Dabei hielt sie ihren aus lauter weißen Stoffrosen gefertigten Hut fest. Zu den vielen Gratulanten zählten auch die Vorsitzende des Tierschutzvereins Anna Schieber und ihr Exgeliebter Max Pfäffle. Dieser vermied den Blickkontakt, schüttelte nur ihr kurz die Hand und verschwand. Auf der Fahrt zum Hotel, wo sie ein 7-gängiges Hochzeitsmenü erwartete, winkte sie den Schaulustigen am Straßenrand zu, doch ihre Gedanken kreisten um Max. Damals bei der Auktion und der Hengstparade [90] beim baden-württembergischen Gestüt in Gomadingen-Marbach machte er ihr auf der Rückfahrt eine fürchterliche Szene, weil sie sich so intensiv mit dem älteren Herrn unterhalten hatte.

Sandra lud nicht nur ihren Sohn, Danilo und Lothar aus Hornberg sondern auch ihre Eltern zur Kutschfahrt [91] nach Obereschach ein. Da sich noch vier Touristen zu der Kutschfahrt einfanden, nahm der Züchter seinen Planwagen, der von zwei Kaltblutpferden gemächlich durch die Gegend gezogen wurde. Unterwegs erklärte er:

»Seit dem Mittelalter gibt es im südlichen Schwarzwald eine eigenständige Pferdezucht. Heute gibt es für diese vom Aussterben bedrohten Rassen ein Erhaltungs-Zuchtprogramm, speziell im Gestüt von Marbach und bei wenigen Züchtern im Schwarzwald. Dabei unterscheidet man zwischen dem Schwarzwälder Kaltblut als Arbeitspferd und dem Schwarzwälder Fuchs für Sport und Freizeit. Alle drei Jahre findet in St. Märgen 92 das Rossfest 93 statt, das ich Ihnen nur empfehlen kann.«

Bei strahlendem Sonnenschein genossen alle Teilnehmer diese Ausfahrt und bei einem zünftigen Abschluss in der Hütte neben dem Pferdehof gab es auf einem Holzteller serviert Schwarzwälder Schinkenspeck und Hausmacher Blut- und Leberwurst. Vorsichtshalber fragte Danilo, ob dies etwa alles aus Pferdefleisch hergestellt sei. Der Züchter lachte, »dafür sind uns unsere Pferde zu schade«. Alles hier auf dem Teller sei vom Schwein. Auf die Frage von Sandra, was mit den toten Pferden passiere, antwortete der Pferdewirt:

»Dann kommt der Fleischbeschauer und wenn der das Fleisch freigibt, nimmt das eine Pferdemetzgerei. Fleisch und Wurst landen meist bei den Marktbeschickern. In unserer Region gibt es wenig Nachfrage nach Pferdefleisch, aber in Ostdeutschland und im Ausland gibt es genügend Abnehmer.«

Als Danilo am Abend beim Telefonat mit der Mutter von diesem Ausflug schwärmte, beschwerte sich seine Mutter heftig:

»Danilo, jetzt bist du schon den Eltern von Sandra vorgestellt und ich kenne die Frau, von der du schon seit Wochen schwärmst, nicht einmal von einem Foto. Du wolltest mir doch die Christbaumkugeln bringen, die wir an Weihnachten gekauft haben.«

»Mutter, Weihnachten ist erst in einem halben Jahr, aber ich verspreche dir, sobald es hier mein Beruf zulässt, besuche ich dich mit Sandra.«

Seit der Heimfahrt von der Hengstparade im schwäbischen Marbach hatte sich das bisher liebevolle Verhältnis zwischen Eleonore und Max stark verschlechtert. Ihr erster und bisher einziger Liebhaber, der wie sie auch seine Eltern früh verloren hatte, kam als gelernter Metzger gleich nach ihr auf den Pferdehof. Das Schlachten der Tiere ging ihm so nahe, dass er seinen Beruf aufgab und eine Ausbildung als Pferdewirt absolvierte. Zum Bruch kam es endgültig, als Eleonore kündigte, um das lukrative Angebot von Dagobert von Klingenstein anzunehmen. Auch ihr bisheriger Chef beschimpfte sie übel und warf ihr Untreue vor. Hatte er sie doch als junges Mädchen auf Empfehlung seines Freundes aus Karlsruhe nach dem Tod ihrer Eltern aufgenommen, als sie Waise geworden war. Gut, dass der Pferdehofbesitzer nichts davon wusste, dass sie auch Max dazu bewegen wollte, ebenfalls zu kündigen, um zur Konkurrenz zu wechseln. Doch dieser weigerte sich damals, wie auch jetzt nach dem neuerlichen Versuch eine Woche nach der Hochzeit. Die

Eröffnung ihres Reitcenters Hippodrom stand unmittelbar bevor und dank ihrer vielen Ideen benötigten sie eine große Anzahl von Angestellten. Ein Reiterhof mit Ställen im Schwarzwälder Stil stand kurz vor der Fertigstellung. Die Beschaffung der 10 Millionen Euro für das Projekt löste ihr Ehemann Dagobert als Finanzmakler mit Leichtigkeit. Da viele Geldanleger ihr Schwarzgeld wegen den Steuer-CDs nicht mehr ins Ausland transferierten, suchten sie Geldanlagen in Sachwerten. Dagobert fand in seinem Golfclub im Öschberghof [94] bei Donaueschingen [95] innerhalb kürzester Zeit genügend Anleger für sein Projekt, da er ihnen nach einer Anlaufzeit von zwei Jahren jährlich mindestens 10 Prozent Zinsen versprach. Eleonore als seine erste Angestellte verblüffte ihn mit ihrem Pferdeverstand und ihren Ideen für das neue Hippodrom und sie erweckte mehr und mehr seine Bewunderung. Neben dem üblichen Reitunterricht, Stellplätzen für Pferde, Kutschfahrten, Ausritten und Ponyreiten für Kinder plante sie einen Abenteuerspielplatz, einen Haustierhof mit Streichelzoo, einen Hochseilgarten sowie Rodeovorführungen und Ritterspiele. Besonderen Wert legte Eleonore auf eine Reittherapie für geistig Behinderte und psychisch kranke Patienten zur Wiederherstellung des seelischen Gleichgewichtes. Am urigen Reiterstüble gliederte der Architekt die gewünschte Reiterboutique an, die exklusive Reitermode und eine große Auswahl von Reitzubehör anbieten sollte. Dagobert fand immer mehr Gefallen an diesen Plänen und vor allem an seiner Mitarbeiterin. Er schenkte ihr ein Designer-Kleid mit dem passenden

Hut dazu. So gekleidet führte er sie beim ›Internationalen Fürst Joachim zu Fürstenberg-Gedächtnisturnier‹ [96] im Schlosspark von Donaueschingen in seine Kreise ein. Kontaktfreudig und aufgeschlossenen gab sie sich auch bei weiteren diversen Empfängen und Feiern und eroberte so die Herzen seiner Freunde. Auch sie begeisterten sich für Eleonore und brachten Dagobert auf den Gedanken einer möglichen Heirat, um diese außergewöhnlich gute Fachkraft ständig an sich zu binden. Zum ersten Mal in seinem Leben finanzierte Dagobert von Klingenstein ein Objekt, das mit Leben erfüllt wurde. Die Erfolge seiner bisherigen Finanzgeschäfte konnte er immer nur auf den Kontoauszügen bewundern. Nach längeren Überlegungen freundete er sich mit dem Gedanken an eine Heirat an. Seinen Heiratsantrag nahm Eleonore ohne großes Nachdenken freudig an, deshalb war er sich nicht sicher, ob die Zusage aus Liebe oder Berechnung erfolgte. Für ihn entsprach diese Heirat auch mehr oder weniger nur einer Investition in die Zukunft. Konnte er doch seinen Plan, sein Lebenswerk mangels Nachkommen in eine Stiftung einfließen zu lassen, positiv verändern. Die junge Eleonore würde ihn vermutlich überleben und dann lebte auch sein Reiter-Hippodrom unter fachlicher Führung weiter.

Zum ›Tag der offenen Tür‹ des neuen Hippodroms zählten die Organisatoren mehr als zweitausend Besucher. Darunter auch Danilo, Sandra, Lukas und Lothar. Sandra hatte Lothar eingeladen, was nicht unbedingt im Sinne von Danilo war. Seit der Nacht mit Sandra im Europapark intensivierte sich ihre Liebesbeziehung immer mehr, deshalb sah Danilo seinen Kollegen Lothar auch als möglichen Nebenbuhler an. Für Eleonore und Dagobert von Klingenstein wurde mit der Eröffnung des Pferdecenters ihre Vision endlich Wirklichkeit. Bereits nach einer Woche waren die restlichen freien Pferdeboxen für Gastpferde belegt. Das Reiterstüble und die exklusive Reiterboutique florierten umsatzstärker als berechnet. Für die angefragten Reitstunden gab es bereits wegen fehlender Reitlehrer erste Absagen. Eleonore versuchte nochmals, ihren ehemaligen Kollegen Max Pfäffle abzuwerben. Trotz hoher Gehaltsangebote gab er ihr einen Korb. Eleonore als Organisationstalent schaffte Tag und Nacht für ihren Traum eines einmaligen Reiterhofes. Leider trübte sich bereits nach weniger als einem Monat der Traum etwas ein. Als Eleonore unangekündigt ihren Lieblingshengst ›Jockel‹ in der Pferdebox aufsuchte, ertappte sie einen Reitlehrer, wie er das Geschlechtsteil des Pferdes mit einer Bürste streichelte. Dieses Besamungsteil ragte bereits überdimensional aus dem Unterleib des Pferdes hervor. Vom Zorn übermannt, wies sie den Reitlehrer aus dem Stall. Bereits zwei Tage später überraschte sie ihn, wie er sich während der Arbeitszeit mit einer Reitschülerin im Heu vergnügte. Bei der umgehend ausgesprochenen fristlosen Entlassung drohte ihr der Reitlehrer mit Konsequenzen vor dem Arbeitsgericht. Nur Tage später, der Hengst verbrachte mit anderen Pferden die Nacht auf der Koppel, wurde ihr Lieblingspferd im Genitalbereich so schwer verletzt, dass es eingeschläfert werden musste. Für Eleonore kam der Verlust ihres geliebten Hengstes dem Verlust eines Familienmitgliedes gleich. Sie konnte nicht mit ansehen, wie der Pferdemetzger den Kadaver abholte. Selbst das Telefonat mit Kommissar Kötter, in dem sie den Vorfall anzeigte, wurde immer wieder durch lautes Schluchzen unterbrochen. Kommissar Kötter fuhr sofort zum Reitcenter, um den Fall aufzunehmen. Eleonore berichtete ihm von dem Vorfall mit dem Reitlehrer und von ihrer Angst, dass hier eventuell, wie sie es aus Zeitungsberichten kannte, ein Serientäter nun auch bei ihnen sein Unwesen treiben könnte.

Im Kommissariat betrachteten Danilo und Sandra ein an die Wand befestigtes Plakat, auf dem sie mögliche Täter skizzierten. Infrage kamen der Reitlehrer und weitere eventuell unzufriedene Angestellte, der Pferdehofbesitzer von nebenan, der seit der Eröffnung des Reitcenters um seine Existenz kämpfte, ein geistig Verwirrter oder der oder die große Unbekannte. Möglichkeiten gab es viele. Beide kamen zu der Überzeugung, dass der Mensch die schlimmste Bestie auf Erden ist. Wieder suchte Kötter das Reitcenter auf. Dagobert und Eleonore von Klingenstein forderten vehement von der Kriminalpolizei eine nächtliche Überwachung ihrer weitläufigen Pferdeweiden.

»Wie stellen Sie sich das vor?«

Der Kommissar gab sich entrüstet und lehnte eine Überwachung durch die Polizei wegen des nicht zu organisierenden Personalaufwands strikt ab. Kötter fragte deshalb:

»Könnten das nicht Ihre Angestellten übernehmen?«

Eleonore: »Die brauchen ihren Schlaf, denn sie arbeiten tagsüber sehr hart – hm, zumindest die meisten. Mir kommt eine Idee! Max, mein früherer Freund und Kollege und ich halfen vor Jahren ehrenamtlich beim Tierschutzverein mit, während der Laichzeit die Kröten über die Straße zu tragen. Vielleicht kann der Verein jeweils eine Person pro Nacht zur Verfügung stellen.«

»Eine gute Idee! Versuchen Sie es!«

Die Vereinsmitglieder, die sich von der Schändung des Pferdes schockiert zeigten, sagten zu und jeweils ein Mitglied bezog ab der Dunkelheit die Wache. Von einem Jägersitz am Waldrand aus hatte man bei Mondschein eine zwar eingeschränkte, aber doch genügende Übersicht über die Pferdeweiden. Am Dienstag übernahm die Vorsitzende Anna Schieber den Platz auf dem Jägersitz. Gut konnte sie beobachten, wie ein Pferd nach dem anderen im Stehen einschlief. Sie musste wohl etwas eingedöst gewesen sein, da hörte sie, wie sich jemand dem Jägerstand näherte. Die Person begann langsam die Leiter hochzusteigen. Unwillkürlich fröstelte sie trotz der lauen Nacht, ringelte sich zusammen und versuchte sich klein zu machen. Kam jetzt der Pferdeschänder zu ihr auf den Jagdsitz? Bei jedem Tritt des Unbekannten auf der Leiter zuckte sie zusammen. Zuerst kam ein schwarzer Haarschopf, dann eine Hand, die eine Thermoskanne hielt und dann sah sie ihn. Es war Max, der Pferdewirt. Sichtlich erleichtert atmete sie auf.

»Ich wollte Ihnen heißen Kaffee bringen, damit Sie wach bleiben.«

»Danke Max, das ist lieb«, antwortete sie erleichtert, »ich dachte schon, der Pferdeschänder bringt mich um.«

Max bemerkte noch, dass die Sicht in dieser Nacht wegen des klaren Mondes besser sei, als bei seiner gestrigen Nachtwache und verabschiedete sich, nachdem sie den Kaffee getrunken hatte.

Am nächsten Morgen stand auf der Weide das nächste geschändete Pferd. Dieses Mal hatte es Dagoberts Lieblingspferd ›Mucki‹ getroffen. Er brüllte und tobte, denn dieses Pferd liebte er mindestens so wie seine Eleonore. Die Vorsitzende des Tierschutzvereines entschuldigte sich, sie wäre wohl eingeschlafen und hätte von alledem nichts bemerkt. Zornig rief Eleonore nach Kommissar Kötter, der sofort kam:

»Was nutzt mir meine gute Idee«, wetterte sie, »wenn die Aufsichtsperson einschläft. Muss ich denn alles selbst in die Hand nehmen. Und die Kriminalpolizei ist untätig. Wir sind nur recht, um Steuern zu zahlen.«

Dagobert von Klingenstein wendete sich mit lauter Stimme an den Kommissar:

»Herr Kommissar, es muss sich bei dem Pferdeschänder um einen Insider handeln. Erst das Lieblingspferd meiner Frau und jetzt meines.«

»Und wer verfügt über diese Kenntnisse«, fragte der Kommissar?

»Natürlich viele!«

Dagobert von Klingenstein zählte auf: das Personal, selbstverständlich die Reiter, die regelmäßig zum Ausreiten kamen, die Nachbarn oder Jogger und Wanderer, die ihnen öfter auf den Reitwegen begegneten. Mit dem eindringlichen Appell an die Polizei, endlich tätig zu werden, beendete der Pferdehofbesitzer das Gespräch.

Mit der Versicherung, das Bestmöglichste zu tun, verabschiedete sich Kommissar Kötter.

Bereits eine Woche später passierte die nächste Verstümmelung eines Pferdes. Das Telefongespräch von Eleonore von Klingenstein mit Kommissar Kötter konnte Inspektorin Sandra Lechner aus fünf Meter Entfernung ohne Lautsprecher Wort für Wort mithören. Wieder hielt in dieser Nacht laut Plan die Vorsitzende Anna Schieber die Nachtwache. Kommissar Kötter suchte sie deshalb auf dem Pferdehof, doch sie blieb wohl aus Scham über das weitere Missgeschick verschwunden. Kötter fragte beim Besitzer des benachbarten Pferdehofes, ob er in dieser Nacht etwas bemerkt hätte. Nachdem er seinen Dienstausweis gezeigt hatte, polterte der Nachbar los:

»Nicht nur, dass die da drüben uns die Existenz rauben, jetzt schickt uns die gnädige Frau von Klingenstein auch noch die Kriminalpolizei ins Haus.«

Dabei legte er seine besondere Betonung auf das Wort »von«.

»Die sitzt jetzt auf dem hohen Ross. So wie der Laden läuft. Da schaue ich nicht einmal bei Tag hinüber, wenn meine untreuen Stammkunden ihre Pferde ausreiten. Ich habe nichts gesehen und ich werde auch nichts sehen.«

Nach der Frage nach seinem Angestellten Max antwortete er:

»Den musste ich mit einigen anderen entlassen, nachdem dieses großkotzige Pferdecenter in unserer unmittelbaren Nachbarschaft eröffnet hatte.«

Als Kötter zum Pferdecenter zurück kehrte, herrschte helle Aufregung. Inzwischen hatte man die Vorsitzende des Tierschutzvereines tot auf dem Jägerstand gefunden. Vermutlich Herzschlag. Der Tierarzt, der die Einschläferung des Pferdes vorgenommen hatte, stellte die Diagnose. Kötter wartete noch den Abtransport der Leiche ab. Während dieser Zeit kam auch ein Wagen mit der Werbeaufschrift eines Pferdemetzgers an und holte das tote Pferd. Aus einem Impuls heraus rief Kötter beim Pferdemetzger an.

»Nein, Sie können heute nicht kommen. Ich habe die Steuerfahndung im Haus und nun noch die Kriminalpolizei, das wäre für mich wie Sodom und Gomorra gleichzeitig.«

Am nächsten Tag meldete sich im Kommissariat ein Finanzbeamter von der Steuerfahndung:

»Herr Kommissar, bei der gestrigen Überprüfung der Pferdemetzgerei fielen uns Überweisungen auf, die auf eine Firma Max Pfäffle für Pferdefleischlieferungen ausgestellt waren. Uns ist keine Firma mit diesem Namen bekannt. Können Sie heraus finden, ob es eine Firma mit diesen Namen gibt?«

»Ein Max Pfäffle ist mir bekannt. Ich gehe der Sache sofort nach.«

Kötter vereinbarte einen Termin mit dem Inhaber

der Pferdemetzgerei. Kötters Frage nach Max Pfäffle löste bei dem Mann eine große Verlegenheit aus.

»Ja, der Max. Er war vor vielen Jahren bei uns ein guter Metzger. Sein einziges Problem bestand bei der Schlachtung. Er weigerte sich, die Tiere zu töten. Deshalb kündigte er und schulte auf Pferdewirt um. Jetzt da er arbeitslos war, bewarb er sich wieder bei uns. Doch ich habe ihn seit Tagen nicht gesehen.«

»Und die Geldüberweisungen für die Pferdefleischlieferungen?«

»Wir hatten wegen eines Großauftrages aus Italien einen Engpass bei Pferdefleisch. Beim Einstellungsgespräch erwähnte ich das und Max bot sich an, das Problem zu lösen.«

»Und woher hatte er das Fleisch?«

»Keine Ahnung, doch durch den Serientäter auf dem Reitcenter löste sich unser Lieferengpass.«

»Und wo ist Max Pfäffle jetzt?«

»Weiß ich nicht! Im Arbeitsvertrag konnte er uns noch keine feste Adresse nennen.«

Der Kommissar verabschiedete sich und wusste jetzt mit einiger Sicherheit, wer der Pferdeschänder war.

Kommissar Kötter fuhr zum Reitcenter. Eleonore von Klingenstein konnte es nicht fassen, dass ihr ehemaliger Kollege und Liebhaber der Pferdeschänder sein sollte. Kötter bedauerte, dass man ihn leider nicht befragen konnte. Max Pfäffle wäre derzeit nicht auffindbar.

»Kleinen Moment, Herr Kommissar. Ich habe noch seine Handynummer eingespeichert. Ich rufe ihn sofort an.«

Max Pfäffle meldete sich und Eleonore sprach ihn auf die Pferdeschändung an. »Kommissar Kötter ist bei mir und behauptet, er habe den Beweis, dass du der Pferdeschänder bist. Stimmt das?«

Große Pause am Telefon.

»Hallo Max, sei ehrlich, stimmt das? Wo bist du?«

Aus dem Handy kam kein Ton mehr. Der Angerufene hatte die Verbindung unterbrochen. Kötter fragte Eleonore von Klingenstein, ob sie ein Foto von Max Pfäffle hätte, damit er eine Fahndung heraus geben kann.

»In meinen Alben müsste ein Bild sein, auf dem wir beide fotografiert wurden. Reicht das?«

»Kein Problem! Wir scannen nur das Gesicht von Max Pfäffle ein.«

Es verging etwa eine halbe Stunde. Dann brachte Eleonore dem Kommissar das gewünschte Foto. In diesem Augenblick klingelte ihr Handy. Max war am Telefon.

»Ja, Eleonore, es stimmt, ich bin der Pferdeschänder, und ich schäme mich dafür. Aber es kommt noch schlimmer. Ich habe der Vorsitzenden des Tierschutzvereines schon beim ersten Mal Schlaftabletten in den Kaffee getan, den ich ihr auf dem Jägerstand brachte. Nachdem sie eingeschlafen war, konnte ich meine Tat ungesehen ausüben. Leider erwischte ich beim zweiten Mal aus Versehen zuviel Schlafpulver. Damit bin ich verantwortlich für ihren Tod. Nachdem ich entlassen wurde, wollte ich erst wieder bei meiner alten Firma als Metzger anfangen, doch als ich in der Schlachterei sah, wie man die Tiere tötete, kam alles wieder in mir hoch.«

»Du hättest doch bei mir anfangen können.«

»Damit ich täglich dein Glück vor Augen habe. Nein, nein! Das wäre zuviel für mich! Das halte ich nicht aus!«

»Was ich nicht verstehen kann, warum du als Tierfreund die Pferde geschändet hast?«

»Es fiel mir nicht leicht, aber meine Wut auf dich war größer als meine Tierliebe.«

»Wo bist du jetzt?«

»Ich stehe auf der Gutachtalbrücke oberhalb von Neustadt 97 an der B31.«

»Um Gotteswillen! Was willst du da?«

»Abschied nehmen von meiner großen Liebe.«

»Max, bitte lass das. Alles wird gut, das verspreche ich dir.«

»Du willst mich nur beruhigen. Ich kann mit dieser Schuld nicht mehr leben. Du hast Dagobert und deinen Traum von einem Pferdecenter verwirklicht und ich? Ich springe jetzt.«

»Max spring nicht!«

»Ich springe jetzt! Ich liiebe diiiich!«

Sie hörten am Handy den Aufschlag. Eleonore wandte sich an Kommissar Kötter:

»Mein Gott, Max ist gesprungen! Die Brücke ist sehr hoch, das überlebt kein Mensch.«

Die Kripo konnte nur noch die Leiche von Max Pfäffle bergen. In der rechten Hand hielt er sein Handy fest umschlugen. Es funktionierte noch und hatte offenbar den Sturz von der 97 Meter hohen Brücke überlebt.

FREIZEITTIPPS:

90 Hengstparade. Mehrere Termine Ende September / Anfang Oktober für spektakuläre Pferde-Schauvorführungen im Haupt- und Landgestüt Marbach auf der Schwäbischen Alb.

91 Pferdehof Schütz in Obereschach bei Villingen. Pferdezucht der Schwarzwälder Rassen Kaltblut und Fuchs, Kutschfahrten und Planwagenfahrten bis zu zwölf Personen.

92 St. Märgen. Kloster-Museum. Natur-Erlebnis-Park Pfisterwald. Professionelle Mountainbike-Strecke.

93 Rossfest in St. Märgen. Prämiierung der Schwarzwälder Pferderassen, Schauvorführungen, historischer Festzug alle drei Jahre jeweils am zweiten Sonntag im September (2013, 2016 usw.).

94 Golfhotel Öschberghof. 27-Loch-Golfanlage. Umfangreiches Fitness- und Sportprogramm. Beliebtes Trainingslager von Mannschaften der 1. Fußball-Bundesliga.

95 Donaueschingen. Donauquelle (wegen Sanierung bis Anfang 2015 geschlossen). Schloss und Park, Geologischer Garten. Donaueschinger Musiktage für alte und neue Musik. Fürstlich Fürstenbergische Brauerei – Führungen auf Anmeldung: Mo – Fr jeweils 14.30 Uhr. Flugplatz. Museum Biedermann für zeitgenössische Kunst.

96 Zwei Reitturniere im September mit internationalen Spitzensportlern. Springreiten, Dressur, Polo, Fahrsport und Festumzug.

97 Neustadt. Stadtteil von Titisee-Neustadt. Badeparadies Schwarzwald (siehe Nr. 18), Freibad. ›Hochfirstschanze‹, die größte Naturschanze Deutschlands.

MÖRDERISCHE GETRÄNKE

Sandra Lechner überraschte Danilo Kötter mit einem Vorschlag:

»Die Sommerferien beginnen in den nächsten Tagen und ich wollte mit dir und meinem Sohn Lukas auf dem Westweg 98 des Schwarzwaldvereines wandern. Dieser Weg ist mindestens so schön wie der Jakobsweg und wesentlich kürzer. Dabei zeige ich dir den Schwarzwald in seiner ganzen Länge von Pforzheim 99 bis Basel (CH) 100 mit seinen schönsten Bergen: Hornisgrinde, Schliffkopf, Brend, Feldberg, Herzogenhorn, Belchen und Blauen.«

»Und ich soll dann wohl den schweren Rucksack schleppen?«

»Nicht nötig! Schon mal was von der angenehmen Möglichkeit ›Wandern ohne Gepäck‹ 101 gehört?«

»Und wie lange dauert diese Wanderung?«

»Im Internet ist alles beschrieben. Vorgeschlagen sind insgesamt 11 Etappen mit einer Wanderstrecke von täglich zwischen 20 bis 30 Kilometer. Natürlich kann man die Strecken auch selbst bestimmen.«

»Hört sich gut an! Also gut, ich komme mit!«

In der Vorfreude auf die Wanderung erledigten sie einige Einkäufe, darunter auch zusätzliche Socken und eine Creme für eventuelle Blasen an den Füßen. Sandra tippte gerade ein Protokoll, als Danilo am Telefon erstarrte. Eine Nachbarin aus Potsdam teilte ihm soeben mit, dass seine Mutter tot in ihrer Wohnung aufgefunden worden war. Herzinfarkt! Sie melde sich wieder, wenn der Beerdigungstermin feststehe. Für Sandra stand fest, sie würde Danilo in dieser schweren Stunde begleiten. Sie wusste, Frauen gibt es viele auf der Welt, aber nur eine Mutter. Vor der Abfahrt besorgte Danilo noch drei Flaschen Schwarzwälder Kirschwasser für seine ehemaligen Kollegen. Lothar empfahl ihm einen Hofladen, der für seine besonders gute Qualität bekannt ist. Als er beim Bauern ankam, verließ gerade ein schwarzer Mercedes mit einem tschechischen Kennzeichen den Hof.

Bei der Beerdigung bestand Danilo darauf, die Urne selbst zu tragen. Er wollte noch einmal seine Mutter umarmen. Als er die Asche der Mutter in die Urnenwand stellte, öffnete Sandra ihre Handtasche und entnahm eine Christbaumkugel und gab sie Danilo. Er legte die Kugel ganz sachte neben die Urne. Seine bitteren Selbstvorwürfe, warum er die Christbaumkugel nicht schon eher gebracht hatte, blieben ungehört. Er erinnerte sich, wie sie gemeinsam einen Tag vor Heiligabend die Christbaumkugeln in Wolfach gekauft hatten.

Am nächsten Tag betätigte sich Danilo als Fremdenführer, um Sandra die touristischen Sehenswürdigkeiten der brandenburgischen Hauptstadt, wie das Holländische Viertel, das kleine Brandenburger Tor, den Cecilienhof sowie den Park und das Schloss Sanssouci, zu zeigen. Zum Bedauern von Sandra blieb für den Filmpark Babelsberg keine Zeit mehr, denn Danilo wollte unbedingt seine ehemaligen Kollegen bei der Kripo besuchen. Mit einem gewissen Stolz stellte er sein Schwarzwaldmädel vor. Die Übergabe der drei Flaschen Schwarzwälder Kirschwasser löste ein großes Hallo aus und zog als Erinnerung an alte Zeiten eine Einladung in die Bar des Best Western Hotel nach sich. Ausnahmsweise schloss sich auch der Leiter der Kripo Hauptkommissar Krüger der Truppe an. Wie früher, wollte jeder der Kollegen eine Runde Martini ausgeben, doch nach dem ersten Glas passte Danilo und bestellte für sich ein Mineralwasser. Als er zur Toilette ging, folgte ihm sein ehemaliger Chef Hauptkommissar Krüger. Sie standen nebeneinander und erleichterten sich. Unvermittelt sprach ihn der Hauptkommissar an:

»Herr Kötter, ich finde es gut, dass Sie offensichtlich nicht mehr Alkohol abhängig sind. Auch Ihre Braut – Freundin, korrigierte Kötter – gefällt mir sehr gut. Am 30.09. quittiere ich meinen Dienst und gehe in Pension. Aufgrund Ihrer Erfolge im Schwarzwald möchte ich Sie als meinen Nachfolger vorschlagen. Eine Beförderung ist mit der Stelle selbstverständlich verbunden. Was meinen Sie zu dem Vorschlag?«

»Danke Herr Krüger für Ihr Vertrauen und für das Angebot. Bitte haben Sie Verständnis, wenn ich nicht gleich antworte. Es gefällt mir sehr gut im Schwarzwald und natürlich möchte ich mich mit meiner Freundin besprechen.«

Tags darauf standen für Danilo viele Behördengänge an. Anscheinend interessierte sich sein in Brasilien lebender Vater nicht für den Nachlass. Nicht einmal zur Beerdigung war er angereist. Sandra nutzte den Tag für die große Inselrundfahrt mit der MS Sanssouci, einem modernen Schiff, das in seinem Aufbau dem gleichnamigen Schloss nachempfunden war. Welch ein Kontrastprogramm zum Schwarzwald, dort die Berge und hier alles eben. Sandra genoss diese herrliche Natur. Über den Templiner See, Schwielow See vorbei an Werder zum Großen Zermsee ging es über den Sarcow-Paretzer-Kanal durch den Jungfernsee entlang an malerischen Dörfern, Schlössern und Herrenhäusern durch die schöne Havellandschaft. Nach vier Stunden erreichte das Schiff wieder den Hafen von Potsdam.

Wieder in Triberg zurück lag im Kommissariat ein dickes Protokoll auf dem Tisch. Die Kollegen von der Kripo Villingen informierten über einen Leichenfund im Wald zwischen Mönchweiler und Königsfeld. Zwei Männer, vermutlich ausländischer Herkunft, waren dem Anschein nach einfach am Waldrand direkt neben der Landstraße tot abgelegt worden. Die Zeitungen berichteten großformatig darüber. Den Kollegen lag inzwischen nach der kriminaltechnischen Untersuchung die mögliche Todesursache vor. Ein in hohen Mengen mit Methanol versetzter Schnaps, der Sorte, wie er vor Monaten in Tschechien zum Tod von 20 Personen und zur Erblindung von weiteren geführt hatte. Dies analysierte das Labor als mögliche Todesursache. Danilo erschrak, er hatte doch beim Kauf des Schwarzwälder Kirschwassers einen Wagen mit einem tschechischen Autokennzeichen gesehen. Sofort rief er seine Kollegen in Potsdam an und warnte sie, auf keinen Fall den Schnaps zu trinken. Diese lachten und informierten ihn, dass bereits alle drei Flaschen geleert wären und alle Männer wohlauf seien. Sofort suchte Danilo den Bauern auf. Er fand ihn am Brennofen mit der Herstellung von Branntwein beschäftigt und als er Kötter sah, rief er:

»Ah, der neue Kunde! Sie wollen sicher noch mehr von meinem guten Kirschwasser kaufen?«

Der Kommissar zeigte seinen Dienstausweis.

»Normalerweise müsste ich jetzt bei Ihnen einige Flaschen sicher stellen, um festzustellen, ob der Inhalt mit dem mörderischen Getränk zwei Männer tötete. Doch da meine Kollegen Ihren Schnaps ohne erkennbare Nebenwirkungen konsumierten, erübrigt sich das.«

»Ich habe von den Todesfällen gelesen, aber Sie können davon ausgehen, dass kein Spirituosenhersteller seine Kunden töten würde. Wir machen doch nicht unser eigenes Geschäft kaputt.«

»Warum ich hier bin. Bei meinem Einkauf sah ich einen tschechischen Wagen wegfahren und Sie winkten noch fest hinterher.«

»Aha, daher pfeift der Wind. Der Kriminaler kombiniert: Tschechien, Schnaps und Tote, das passt zusammen. Für den Tschechen lege ich meine Hand ins Feuer. Er zählt zu den größten tschechischen Import- und Exporteuren für Spirituosen. Seit Jahren nimmt der mir für seine exquisiten Kunden ein Drittel meiner 300-Liter-Produktion ab und kommt jeweils selbst vorbei. Wir haben ein seit Generationen vererbtes Brennrecht, das Landwirten mit eigenem Obstbau zusteht. Im Gegensatz zu den 50-Liter-Brennrechten für Obstgartenbesitzer.«

»Und Methanol haben Sie auch keines?«

»Doch, natürlich! Wir verwenden Methanol in geringer Menge beim Maischen als Stoffwechselprodukt von Bakterien.«

»Und wer könnte in Deutschland mörderische Spirituosen herstellen?«

»Da bin ich überfragt!«

Für Danilo und Sandra war klar, dass die Wanderung auf dem Westweg durch den Schwarzwald aufgrund der Todesfälle nicht stattfinden würde. Da aber momentan eine heiße Spur fehlte, schlug Sandra eine Tagestour vor, als Ausgleich für die entgangene Fernwanderung und um den Kopf frei zu bekommen. Zur Auswahl schlug sie Hinterzarten 102 oder den Feldberg 103 und hier den Rundwanderweg 104 vor. Die Wahl fiel auf den Panoramaweg am Feldberg. Als Lukas am Beginn der Tour den Wanderweg nach Seebuck zu flott angehen wollte, erklärte ihm Sandra, dass kleine bedächtige Schritte bei Steigungen für die Kräfteeinteilung bei einer längeren Wanderung sinnvoller sind. Unterwegs genossen sie die herrliche Aussicht auf diesem Rundweg. Nach Beendigung der Wanderung kaufte Danilo bei der Glaskunst in Altglashütten 105 für Sandra einen kleinen gläsernen Engel, als Dank für ihren Beistand bei der Beerdigung seiner Mutter. Auf der Fahrt zum Titisee 106 parkten sie an der B317 und unterquerten die Bundesstraße, wo sie schon nach wenigen hundert Metern die Seestraße erreichten, die stark frequentierte Schwarzwälder Flanier- und Souvenirmeile. Sie bummelten durch die Geschäfte und

Passagen, in denen allerhand Original Schwarzwälder Spezialitäten bis hin zu kitschigen Kuckucksuhren feil geboten wurden. Um dem Trubel zu entgehen, lotse Sandra ihren Sohn und Danilo zu einem kleinen Café, das auf der ruhigeren Seite des Sees auf einer kleinen Anhöhe stand. Hier gab es eine Schwarzwälder Kirschtorte, die vor dem Servieren ganz frisch mit Kirschwasser bestäubt wird. Lukas wollte noch segeln, doch hatten weder Sandra noch Danilo einen Segelschein. Daraufhin gab sich Lukas mit einer Schiffs-Rundfahrt zufrieden. Bei dem anschließenden Abstecher nach Hinterzarten schauten sie eine Weile den Skispringern zu, die ihre Trainingssprünge auf der Mattenschanze absolvierten. Danilo konnte sich die Bemerkung nicht verkneifen:

»Ihr Schwarzwälder bekommt vom Winter wohl nie genug.«

Während der Rückfahrt über Furtwangen und Schönwald nach Triberg machte Sandra den Vorschlag, an den folgenden Wochenenden jeweils eine der elf Etappen des Westweges zurückzulegen, dann hätten sie die Wanderung auch nach einem Vierteljahr geschafft.

Auf dem Anrufbeantworter befand sich eine Nachricht des Schnapsbrenners:

»Hallo, Herr Kommissar! Ich habe meinem Geschäftspartner in Pilsen von Ihrem Besuch und Ihrer Verdächtigung berichtet. Er erzählte mir dabei, ihm wäre vor einer Woche eine größere Menge Branntwein angeboten worden. Über den Hersteller wollten die Männer keine Auskunft geben. Vermutlich schwarz gebrannt! Zwar handelte es sich um einwandfreie Ware, doch da ihm diese Typen nicht geheuer vorkamen, merkte er sich das Autokennzeichen. Mit Hilfe eines bekannten Polizisten ließ er den Halter des Wagens feststellen. Sein Name lautet Jirschi Vondraczek. Vielleicht können Sie etwas mit diesem Namen anfangen?«

Nach Eingabe dieses Namens in den Polizeicomputer erschien eine Jovana Vondraczek, angemeldet in Villingen und dem Gesundheitsamt als Prostituierte bekannt, beschäftigt in einem Bordell in Villingen. Mit dem Kollegen Martin Ebding von der Kripo Villingen vereinbarte Kommissar Kötter einen überraschenden Besuch im Bordell. Dem Kollegen kam dies besonders gelegen, denn aufgrund der in den Zeitungen veröffentlichten Fahndungsfotos gab es einen anonymen Hinweis, dass es sich bei den Toten um die Geschäftsführer des Bordells handeln könnte.

Beim Betreten des Bordells erhoben sich in Erwartung neuer Kunden zwei junge spärlich gekleidete Damen von ihren Barhockern. Die Kriminalbeamten wiesen sich aus und verlangten, den Geschäftsführer zu sprechen. Das dunkelhäutige Mädchen holte einen schwarzhaarigen, etwa 30-jährigen Mann, der sich als Rumäne zu erkennen gab. Auf die Frage, ob hier eine Tschechin beschäftigt sei, antwortete der Mann:

»Alles, was Sie sich wünschen, meine Herren: Afrikanerinnen, Asiatinnen, Südamerikanerinnen und natürlich auch Europäerinnen.«

»Und eine Tschechin?«

»Sogar zwei«, warf das hellhäutige Mädchen ein.

Aufgrund des bösen Blickes, den ihr der Geschäftsführer zuwarf, entfernte sich das Mädchen.

»Und heißt eine Tschechin davon vielleicht Jovana Vondraczek?«

»Ja, eine Jovana gibt es bei uns, aber diese hat heute Spätschicht«, sagte nach einigem Zögern der Rumäne.

Der Villinger Kollege zeigte die Fotos der Toten, aber der Geschäftsführer verneinte, diese Männer zu kennen, doch die Mädchen erkannten ihre ehemaligen Chefs. Die Frage nach dem Besitzer des Bordells musste der Geschäftsführer verneinen. Er leite den Betrieb erst seit wenigen Tagen. Es gab einen Wechsel des Besitzers und mit dem neuen sei vereinbart, dass wöchentlich ein Kurier die Einnahmen abhole. Mehr sei ihm auch nicht bekannt. Seine Einstellung erfolgte in Rumänien durch einen Geldverleiher, bei dem er seine Schulden nicht zurück zahlen konnte.

»Gut«, sagte Kommissar Kötter, »dann kommen wir gegen Abend wieder, wenn Jovana Dienst hat.«

Kommissar Kötter zeigte noch auf das Schild ›Flatrate-Sex‹ und bemerkte, dass dies nicht dem geltenden Recht entspreche. Der Geschäftsführer ignorierte diesen Hinweis mit einem Schulterzucken.

Am Abend erfuhren sie, dass sich Jovana kurzfristig krank gemeldet hatte. Sie ließen sich die Adresse des Mädchens geben, doch als sie bei der Vermieterin nachfragten, erklärte ihnen diese, dass die Untermieterin erst vor wenigen Stunden überstürzt ausgezogen sei und sie eine neue Adresse nicht kenne. Jetzt wurde der Fall für die Beamten erst richtig interessant. Für eine ständige Überwachung des Bordells würden sie von den Vorgesetzten und vom Staatsanwalt keine Genehmigung erhalten, doch der Villinger Kollege erinnerte sich, dass es in Villingen eine Bürgerinitiative gab, die vehement ein Verbot dieses Etablissement forderte. Der Vorsitzende Paul Obergfell wohne direkt gegenüber und fühle sich durch das laute Nachtleben und dem ständigen Autotürenschlagen gestört. Sicher könnte ihnen dieser Mann als Spitzel dienen und außergewöhnliche Vorkommnisse melden. Weil es gegen das Bordell ging, willigte der Rentner Obergfell auf die Anfrage der Beamten sofort ein. Wenigstens erklärte sich der Staatsanwalt wegen des Verdachtes, der Mord an den beiden Männern könnte mit dem Bordell in Verbindung stehen, bereit, einen Hausdurchsuchungsbefehl zu genehmigen. Die Kommissare Epting und Kötter setzten auf ein Überraschungsmoment und warteten, ob ihnen ihr Spitzel Obergfell kurzfristig einen heißen Tipp melden konnte. Schon in der übernächsten Nacht meldete er ein außergewöhnliches Ereignis. Er beobachtete gegen Mitternacht einen schwarzen Mercedes mit tschechischem Kennzeichen. Der Fahrer stieg aus und eines der Mädchen kam aus dem Haus und küsste ihn innig, was dem Kodex der Prostituierten widersprach. Dann überreichte er ihr vorsichtig eine konisch geformte Magnumflasche. Auch dies schien Obergfell ungewöhnlich, denn Getränkelieferungen erfolgten meist kistenweise. Aufgrund dieser Meldungen veranlasste der Villinger Kriminalkommissar eine Razzia. Kommissar Kötter war mit von der Partie. Aufgrund des reduzierten Einsatzkommandos gelang einigen Kunden doch noch die Flucht durch die Hintertür. In einem der schwülstig eingerichteten Zimmer vergnügte sich ein Mann mit einem Mädchen. Bei der Überprüfung der Personalien konnte der Mann als Jirschi Vondraczek identifiziert werden. Kötter deutete auf das Mädchen.

»Und das ist vermutlich Jovana Vondraczek, die wir suchen!«

Jirschi Vondraczek wehrte sich: »Ich treibe es doch nicht mit meiner Schwester. Dies hier ist Bianca Laska, meine Verlobte und mit der darf ich wohl Liebe machen, oder? Ich komme so oft ich kann nach Villingen und sobald ich mit meinem Getränkehandel genügend Geld verdient habe, kaufe ich Bianca und meine Schwester Jovana frei.«

Sie zeigten den Beamten ihre Verlobungsringe. Es stellte sich beim Verhör heraus, dass Bianca Laska die Freundin von Jovana war. Über den Verbleib von Jovana wussten die beiden nichts oder wollten darüber nichts verraten. Ob ihr eventuell auch die Flucht gelungen war, konnten die Polizisten nicht feststellen. Auch die konische Magnumflasche, von der ihr Spitzel berichtet hatte, war trotz intensiver Suche nicht auffindbar. Der rumänische Geschäftsführer beschwerte sich wegen der Razzia, denn seiner Meinung nach bestand kein Grund für eine derartige Aktion. Unverrichteter Dinge zogen die Polizeibeamten ab.

Nur eine Woche später fand man wieder eine Leiche am Waldrand bei Mönchweiler. Genau an der Stelle, an der schon die beiden Geschäftsführer des Bordells gefunden wurden. Dieses Mal konnte Kötter die Leiche sofort identifizieren. Es war der neue rumänische Geschäftsführer. Der Unterschied zum ersten Leichenfund bestand in der Fesselung und einer auffälligen Platzwunde am Hinterkopf des Toten. Als sich Kommissar Kötter über die Leiche beugte, strömte ihm ein starker Geruch von Alkohol entgegen. Erfreut zog er den Geruch ein. Wie ein Spürhund wähnte er sich endlich auf der richtigen Spur. Gleich nach dem Abtransport der Leiche suchten er und sein Kollege Epting von der Villinger Kripo mit der festen Überzeugung, jetzt könnten sie Jirschi Vondraczek überführen, das Bordell auf. Hier herrschte schon am Vormittag ausgelassene Stimmung. Alle weiblichen Angestellten befanden sich in Feierlaune und prosteten sich zu. Einige der Mädchen hatten bereits erste Gleichgewichtsstörungen. Nach Aufnahme der Personalien aller Anwesenden, darunter auch der beiden Tschechinnen, eröffnete Kommissar Martin Epting das Gespräch:

»Was gibt es denn zu feiern?«

»Den Tod unseres Geschäftsführers«, rief erfreut Jovana Vondraczek.

»Ihren Bruder Jirschi wollten wir gerade sprechen. Er ist verdächtigt, heute Nacht den Geschäftsführer mit Schnaps vergiftet zu haben.«

Die Mädchen lachten.

»Jirschi, das ist unmöglich! Der ist bereits seit drei

Tagen wieder in der Tschechischen Republik. Vor zwei Stunden haben wir telefoniert und ihm die freudige Nachricht übermittelt.«

In diesem Moment kam ein weiteres Mädchen aus dem Nebenraum. In der Hand hielt sie eine Magnumflasche und setzte gerade an, aus der fast leeren Flasche einen Schluck zu nehmen.

»Um Himmelswillen«, schrie Bianca Laska. »Anita lass das!«

»Ich fand diese Flasche im Besenschrank und jetzt trinke ich den Rest leer«, lallte das Mädchen.

»Anita nochmals, stell die Flasche weg!« Bianca versuchte, ihr die Flasche zu entreißen.

»Warum soll ich den Rest nicht trinken?«

Geschickt drehte sie sich um und setzte die Flasche wieder an den Mund.

»Weil …«

»Weil der Schnaps wegen der hohen Menge Methanol tödlich ist«, ergänzte Kommissar Kötter. Sofort sicherte er die Flasche und wandte sich an die anwesenden Damen:

»Nun heraus mit der Wahrheit. Ab sofort hat das Leugnen keinen Sinn mehr.«

Zögernd begann Jovana zu sprechen: »Herr Kommissar, das ist eine lange Geschichte.«

»Egal, mein Kollege und ich hören Ihnen geduldig zu.«

»Dann beginne ich von Anfang an. Das Bordell gehörte der russischen Mafia. Die beiden Geschäftsführer verlangten, immer wenn der Laden gegen Morgen schloss, dass alle Mädchen, die in der Nacht Dienst hatten, ihnen Gesellschaft leisten. An der Bar ließen sie sich Wassergläser mit Schnaps füllen und tranken mindestens zwei bis drei Gläser jede Nacht. Anschließend wählten sie je nach Laune zwei Mädchen aus, die dann die betrunkenen Männer über sich ergehen lassen mussten. Als mein Bruder Jirschi dies mitbekam, wollte er mich und seine Verlobte Bianca freikaufen. Den Preis von je 30.000 Euro konnte er mit seinem Getränkehandel noch nicht aufbringen.«

Kommissar Epting warf ein: »Warum sind Sie nicht geflüchtet?«

»Damit es uns so geht wie Nena. Nur wenige Tage nach ihrer Flucht zeigten uns die Geschäftsführer Fotos von ihr, das Gesicht mit einem Messer kreuz und quer zerschnitten. Gezeichnet für ihr ganzes Leben. Dazu die Drohung: unsere Leute finden euch überall!«

Bianca erzählte weiter: »Mein Verlobter war außer sich und machte uns den Vorschlag, bei seinem nächsten Besuch eine Flasche Schnaps mit einer Überdosis Methanol mitzubringen. Beim nächsten Besäufnis dieser zwei Russen füllten wir die Gläser mit dem präparierten Schnaps. Als die beiden tot waren, nahmen wir ihnen den Autoschlüssel ab und die ganze Mannschaft half mit, sie zu entsorgen.«

Das nächste Mädchen erzählte weiter:

»Wir dachten nun, unser Problem sei gelöst. Doch es kam noch schlimmer. Vermutlich verkaufte die russische Mafia das Bordell umgehend an eine rumänische Bande. Ein neuer Geschäftsführer kam. Der trank zwar nicht, doch er führte ein neues Geschäftsmodell ein: den Flatrate-Sex. Früher erschöpften sich unsere Kunden meist nach wenigen Minuten, doch durch die neuen Potenzmittel dauerte die Prozedur manchmal eine Stunde und noch mehr. Um diesen Trend entgegen zu kommen, verlangte nun die rumänische Mafia, alle Mädchen sollten den Kunden uneingeschränkt zur Verfügung stehen und der neue Geschäftsführer setzte dieses Konzept mit brutaler Gewalt um. Wir Frauen halten einiges aus, doch was zuviel ist, ist zuviel.«

»Und dann beschlossen sie alle, das auch der neue Geschäftsführer sterben muss?«

»Genau so war es, Herr Kommissar!«

Nun meldete sich wieder Bianca:

»Jirschi brachte uns bei seinem letzten Besuch wieder eine Flasche mit.«

»Die wir vergeblich bei der Razzia suchten«, warf Kommissar Kötter ein.

»Nachdem mir Jirschi die Flasche übergeben hatte, wollte ich diese nicht so offen ins Haus tragen. Ich ging deshalb nochmals ans unverschlossene Auto und deponierte sie im Kofferraum. Deshalb suchten sie vergeblich. Der Geschäftsführer verlangte statt 30.000 nun 35.000 Euro pro Mädchen als Ablösesumme. Vermutlich als eigener Anteil an dem Geschäft. Jirschi hatte das geforderte Geld nicht zusammen und reiste wieder ab. Am Mittwoch herrschte Hochbetrieb wegen eines Pokalspiels des FC 08 Villingen, das gegen Abend stattfand. Alle Mädchen waren im Einsatz. Bei Geschäftsschluss feierten wir zusammen mit dem Geschäftsführer den Erfolg. Leider lehnte er den angebotenen Schnaps ab. Da nahm eines unserer Mädchen ein Weizenbierglas und schlug ihm dies von hinten auf den Kopf. Blutüberströmt sackte er zu Boden. Wir fesselten ihn mit einem Klebeband. Als er wieder etwas zu sich kam, flößten wir ihm den Schnaps ein. Das gestaltete sich schwieriger, als wir dachten. Er spuckte den Schnaps immer wieder aus. Ein Mädchen hielt ihm darauf seine Nase zu und immer wenn er nach Luft schnappte, schütteten wir ihm wieder einen Schluck in den geöffneten Mund. Bis es genug war. Damit uns der Spanner von gegenüber nicht beobachten konnte, fuhren wir das Auto auf die Rückseite des Hauses und luden die Leiche ein. Den Rest kennen Sie ja.«

»Und wer hat nun die Tat begangen?«

»Wir alle«, riefen die Mädchen im Chor. »Bitte sperren Sie uns ein, damit sich die Mafia nicht an uns rächen kann.«

Das war für die Kriminalbeamten neu. Zehn Mädchen verlangten die Festnahme.

»Na dann«, dachten sie, »das gibt eine Menge Arbeit im Schwarzwald und etwas weniger in der Tschechischen Republik, wo die Kollegen Jirschi Vondraczek wegen Beihilfe zum Mord festnehmen müssen.«

Plötzlich rief ein Mädchen immer wieder:

»Lieber Knast, als Flatrate-Sex« und alle anderen Frauen hoben ihr Glas und riefen im Chor: »Lieber Knast, als Flatrate-Sex.«

Als Sandra am Nachmittag am Arbeitsplatz Kommissar Kötter begegnete, stellte sie insgeheim fest, wie müde er aussah. Zum Teil konnte man dies mit der Trauer um seine Mutter rechtfertigen, zum anderen ging es nun schon seit Monaten Schlag auf Schlag mit Kriminalfällen in der Region. Über ihre Ahnung, was hier die Ursache sein könnte, schwieg sie vorerst. Sie empfahl jedoch Danilo, sich einem Gesundheitscheck zu unterziehen.

FREIZEITTIPPS:

98 Westweg, einer der Hauptwege des Schwarzwaldvereins. Markierung rote Raute auf weißem Grund. Er gilt als einer der schönsten Fernwanderwege Deutschlands und führt mit einer Länge von 280 Kilometern von Pforzheim über die Schwarzwaldhochstraße und über den Feldberg bis nach Basel (CH). Ab der Kalten Herberge gibt es zwei Varianten über Hinterzarten oder Bärental.

99 Pforzheim. Schmuckmuseum im Reuchlinhaus, Edelsteinausstellung Schütt, Mineralienmuseum, Technisches Museum.

100 Basel(CH). Schöne Altstadt. Zoo, Adler-Freigehege, Botanischer Garten. Verschiedene Museen und Galerien mit sehr beachtenswerten Kunstausstellungen.

101 Wandern ohne Gepäck. Möglich ist auch die Buchung von Teiletappen mit oder ohne Übernachtungsreservierung.

102 Hinterzarten. Winter- und Sommerskispringen (Mattenbelag) auf der Adlerschanze. Im August findet der Sommer-Grand-Prix-Weltcup statt. Schwarzwälder Skimuseum, Olympia-Stützpunkt der Skispringer. Hinterzartener Moor.

103 Feldberg mit 1493 m. ü. d. M. der höchste Gipfel des Schwarzwaldes. Wander- und Skigebiet, Wichtel-

pfad für Kinder, Kabinen-Seilbahn, Haus der Natur. Schwarzwälder Schinkenmuseum im Feldbergturm.

104 Feldberg-Rundwanderweg. 17 Kilometer vom Ort Feldberg über Seebuck – Bismarck-Denkmal – Emil-Thoma-Weg – Grüblesattel – Todtnauer Hütte - St. Wilhelms Hütte – Feldberggipfel mit Turm und Wetterwarte – Zastler Hütte – Naturlehrpfad – Rinkendobel – Raimartihof – Feldsee – Karl-Egon-Weg zurück zum Ausgangspunkt.

105 Altglashütten. Ortsteil der Gemeinde Feldberg. Glasbläserei und Keramikstüble. Baden und Surfen im Windgfällweiher.

106 Titisee. Schwarzwälder Touristenziel Nr. 1, Rundfahrten auf dem See, Märklin-World.

GEHEIMNISVOLLE SCHWARZALB-KLINIK

Langsam ließ die Betäubung nach. Bei Danilos letztem Gesundheitscheck hatte ihm der Arzt unbedingt eine Darmspiegelung empfohlen, damit Entzündungen und eventuelle Tumore im Dickdarm im Falle eines Falles rechtzeitig diagnostiziert werden könnten. Auf die Frage, ob er mit Mitte dreißig nicht zu jung für eine derartige Untersuchung sei, entgegnete der Arzt, dass man damit nicht früh genug anfangen könne. Für einen kurzen Augenblick glaubte Danilo Eurozeichen in den Augen des Arztes aufblitzen zu sehen. Die Darmuntersuchung stellte sich dann dank der kurzwirksamen Narkose zum Glück als leicht verträglich heraus. Der Tag zuvor, an dem er einige Liter Flüssigkeit mit einem Abführmittel trinken musste, hatte sich durch die vielen Sitzungen auf der Toilette um einiges beschwerlicher gestaltet. Gerade als der Arzt ihm den gesunden Zustand seines Dickdarms versicherte, öffnete sich die Tür und eine Krankenschwester rief:

»Der Verwalter ist tot!«

Irgendetwas in der Stimme der Schwester irritierte Danilo. Doch noch bevor er sich bewusst geworden war, dass dieser Ausruf eher freudig geklungen hatte, rief ein herbeieilender Arzt nun ebenfalls:

»Der Verwalter ist tot!«

Ab sofort schien dieser Fall für den Kriminalbeamten interessant. Er wandte sich an den Arzt, der ihn zuvor untersucht hatte:

»Herr Doktor, ich denke Ärzte wollen Leben retten und freuen sich nicht über Todesfälle?«

»Herr Kötter, hier handelt es sich um eine Besonderheit. Ich werde versuchen, Ihnen, soweit es mir möglich ist, zu erklären, warum sich unser Mitleid am Tod des Verwalters Axel Klingmann in Grenzen hält. Noch vor wenigen Jahren war dieses Krankenhaus städtisch. Wegen des jährlichen Defizits folgten die Stadträte wie in vielen anderen Städten auch dem Vorschlag der Verwaltung, die Klinik an einen Großkonzern zu veräußern. Der symbolische Kaufpreis betrug nur einen Euro. In der Umgebung stellte ein Krankenhaus nach dem anderen den Betrieb ein. Nur wir vergrößerten uns und firmieren jetzt unter ›Schwarzalb-Klinik‹, weil wir inzwischen große Teile des Südschwarzwaldes und der Schwäbischen Alb abdecken. Mit dem Namen änderte sich vieles. Zwar bekamen wir durch den Großeinkauf des Konzerns die modernsten medizinischen Geräte, aber dafür gab es für uns Ärzte neue Verträge mit Zielvorgaben. Mehr Verdienst erhielten wir nur, wenn wir die Anzahl der Behandlungen und Operationen steigerten. Viele meiner Kollegen verließen daraufhin das Klinikum und gingen in die Schweiz oder nach Norwegen. Dort gibt es diesen Druck nicht, dafür eine wesentlich bessere Bezahlung der Ärzte. Wegen der Publicity musste jeder Mediziner des Klinikums vierteljährlich einen öffentlichen Vortrag halten und einen Bericht für die Presse verfassen. Die Vorgaben und der Druck, den die Konzernleitung mit Hilfe des Verwalters auf uns ausübte, machte uns Mediziner mehr und mehr zu Kaufleuten. Der Mensch mutierte für uns vom Patienten zur Ware. Sogar Schwestern, Pfleger und das Küchenpersonal tauschte der Verwalter gegen Leiharbeiter aus, um den Gewinn der Klinik zu steigern. Den Wandel zum gewinnorientierten Unternehmen vollzog der Verwalter mit aller Härte und ohne soziales Gewissen. Erst seit einiger Zeit tauchten bei ihm wohl erste Zweifel an diesem Konzept auf und er versuchte offenbar, diese im Alkohol zu ertränken. Immer öfter machte er im Dienst einen betrunkenen Eindruck, was für das bereits angeschlagene Image des Klinikums nicht unbedingt förderlich war. Vielleicht verstehen Sie nun, Herr Kommissar, warum wir unserem Verwalter nicht nachtrauern.«

Kommissar Kötter suchte das Sekretariat auf. Der Verwalter lag tot nach vorne übergebeugt auf dem Schreibtisch. Ein Arzt kümmerte sich um eine Frau, die sich, so schien es, gerade von ihrem Schock etwas erholte. Nachdem ihm der Arzt erklärte, die Frau sei die Mitarbeiterin des Verwalters und jetzt wieder einigermaßen ansprechbar, bat Kötter sie um eine Aussage.

»Ich wollte meinem Chef gerade eine Abrechnung bringen, da sah ich, wie sich der Gynäkologe Dr. Fullhammer«, erschreckt hielt sie sich die Hand vor dem Mund, »ich korrigiere mich, wie ein Arzt sich über ihn beugte und feststellte, er sei tot. Zusammen mit dem Arzt lief ich auf den Flur und schrie so laut ich konnte, der Verwalter ist tot. Diese Nachricht verbreitete sich wie ein Lauffeuer bei den Angestellten innerhalb des Klinikums.«

Während Kommissar Kötter die Mitarbeiterin des Verwalters verhörte, ohne weitere nennenswerte Details zu erfahren, stellte der anwesende Arzt den Totenschein aus. Als Todesursache vermerkte er Myokardinfarkt.

Kommissar Kötter wollte soeben das Krankenhaus verlassen, da fragte ein Mann bei der Auskunft nach dem Verwalter Axel Klingmann.

»Herr Klingmann ist leider verstorben«, gab die Dame durch die gelöcherte Trennscheibe Auskunft.

»Ich habe doch erst gestern mit ihm telefoniert«, entgegnete der Mann.

Kötter gab sich als Kriminalbeamter zu erkennen und bat den Mann um ein Gespräch. In einer Ecke der Cafeteria schilderte ihm dieser die zeitliche Reihenfolge:

»Gestern stellte mir unsere Zentrale der Bildzeitung in Berlin ein Gespräch durch. Unsere Vermittlung informierte mich kurz, es wäre ein offensichtlich betrunkener Mann am Apparat, der unseren Fachjournalisten für Medizin zu sprechen verlangte. Irgendein Herr Klink- oder Brinkmann von der Schwarzwaldklinik oder so ähnlich. Ich rechnete mit einem betrunkenen Witzbold. Herr Klingmann stellte sich als Verwalter der Schwarzalb-Klinik vor und faselte in seinem Suff etwas davon, er hätte sich in dem Klinikkonzern getäuscht und die Schuld läge bei ihm, aber das mit dem amerikanischen Arzt Gunter Fullhammer ginge viel zu weit. Er werde sich das Leben nehmen, aber vorher ließe er noch eine Bombe platzen, die weltweit für Aufsehen sorgen werde. Und die Bildzeitung könne exklusiv darüber berichten. Er erwartete, dass ich ihn sofort treffe. Dann unterbrach er das Gespräch. Ich dachte erst, es handele sich um einen Scherz oder vielleicht um eine vorgezogene Organtransplantation. Aus alter Routine heraus gab ich den Namen Dr. Gunter Fullhammer zur Überprüfung an unsere Archivabteilung. Sofort bekam ich die Meldung, dieser deutschstämmige Arzt sei ursprünglich in einem amerikanischen Bundesstaat für die Giftspritzen, die man den Todeskandidaten bei der Exekution verabreichte, verantwortlich gewesen. Nach Abschaffung der Todesstrafe assistierte er einer Ärztin im ›Cornell University Hospital‹ bei staatlich geförderten Versuchen mit Embryos. Das weckte natürlich meinen Reporterinstinkt. Noch gestern Abend flog ich mit der letzten Maschine von Berlin nach Stuttgart und heute Morgen kam ich mit einem Leihwagen hier her. Anscheinend zu spät. Vermutlich hatte er sich schon das Leben genommen.«

Kommissar Kötter erkundigte sich bei der Dame von der Information nach einem Dr. Gunter Fullhammer und bekam zur Auskunft, ein Arzt mit diesem Namen wäre in diesem Klinikum nicht beschäftigt.

Lothar war am Telefon und beschwerte sich, weil Danilo schon länger nichts mehr von sich hatte hören lassen.

»Lothar, ich bin absolut im Stress. Du glaubst gar nicht, was bei uns alles über die Schreibtische geht. Außerdem musste ich mehrmals ins Bordell nach Villingen.«

Lothar lachte: »Ins Bordell? Ich dachte, du hast mit Sandra eine feste Freundin.«

»Der Bordellbesuch war natürlich rein dienstlich.«

»Wie geht es dir? Was machen deine sportlichen Aktivitäten? Ich wollte euch beide für Sonntag zu einer Fahrradtour einladen. Habt ihr Zeit?«

»Was für viele Fragen. Mir geht es gut. Beim Jahrescheck bescheinigte mir der Arzt beste Fitness. Zur nächsten Frage, ich hatte kaum Zeit für sportliche Aktivitäten. Sandra hat am Sonntag keine Zeit. Sie will sich aufgrund der Erfahrung mit meiner Mutter um ihre Eltern kümmern und einen Ausflug in den Hochschwarzwald unternehmen. Ich fahre lieber mit dir. Welche Tour schlägst du vor?«

»Aufgrund deiner Fitness schlage ich die Ochsentour rund um Triberg vor.«

Lothar beschrieb die anstrengende Tour und weil Danilo ihn überzeugen wollte, dass diese zu anstrengend für ihn sei, empfahl ihm Lothar, sich ein E-Bike 107 zu leihen.

Sandra hatte Ende Januar, kurz bevor sie ihren Dienst im Kommissariat angetreten hatte, mit Lukas ein Schlittenhunderennen 108 besucht. Da sie diese Gegend kaum kannte, besuchte sie nun mit ihrem Sohn und ihren Eltern Todtnau 109, Todtmoos 110, Bernau 111, St. Blasien 112 und Höchenschwand 113. Unterdessen mühte sich Danilo, besonders gegen Ende der Fahrradtour als der Akku beim E-Bike nachließ, über die 100 Kilometer lange Strecke und war froh, dass es unterwegs sehr viele Einkehrmöglichkeiten gab.

Die Suche nach Dr. Gunter Fullhammer gestaltete sich schwieriger als gedacht. Kein Einwohnermeldeamt verzeichnete eine Anmeldung. Auch bei der kassenärztlichen Vereinigung oder bei den Krankenkassen war kein Arzt unter diesem Namen bekannt. Kötter entdeckte in der Zeitung eine Ankündigung zu einem Vortrag, den der Leiter der Gynäkologie- und Geburtshilfeabteilung an diesem Tag um 17 Uhr in der Schwarzalb-Klinik halten werde. Nur wenige Frauen besuchten den Vortrag und wunderten sich über die Anwesenheit eines einzigen Mannes. Zur Enttäuschung des Kommissars referierte Dr. Bauer über einen neu angeschafften hochmodernen OP-Roboter, der ab sofort bei der Entfernung der Gebärmutter und dem angrenzenden Gewebe bei Tumoren im Unterleib in der Klinik einsatzbereit sei. Mit dem Gerät steuere der Operateur, so der Vortragende, millimetergenau die Greifarme und sehe gleichzeitig scharfe 3-D-Bilder in zwölffacher Vergrößerung, die ihm ein zusätzlicher Kamera-Greifarm liefere. Er beendete seinen Vortrag mit der Einladung, er als Chefarzt der Gynäkologie beantworte gerne noch offene Fragen der Anwesenden. Kommissar Kötter sprach den Arzt auf den Gynäkologen Dr. Gunter Fullhammer an. Dieser glaubte sich zu erinnern, den Namen bereits in einer Fachzeitschrift gelesen zu haben. Mehr könne er aber dem Kommissar auch nicht sagen. Dabei vermied er den direkten Blickkontakt. Enttäuscht verließ Kötter den Vortragsraum.

Sandra hatte anscheinend ihre Liebe zum Hochschwarzwald entdeckt. Für das kommende Wochenende schlug sie eine Wanderung entlang des Schluchsees 114 vor. Ihre Eltern, Danilo und Sohn Lukas stimmten mit Freude zu. Kurz nach Hüfingen bei Donaueschingen verließen sie die B31 in Richtung Bonndorf 115. In Grafenhausen wollte Danilo die Gaststätte der Rothaus-Brauerei aufsuchen. Lothar hatte ihm die Küche empfohlen, doch Sandra verfolgte einen anderen Plan. Sie bogen vorher links ab zum Heimatmuseum ›Hüsli‹ 116. Sie zeigte auf das Häuschen:

»Das war das Wohnhaus von Professor Brinkmann in der bekannten TV-Serie ›Die Schwarzwaldklinik‹.«

Danilo blickte sich um und suchte die Schwarzwaldklinik, die sich im Film jeweils direkt neben dem Wohnhaus befand.

»Die befindet sich etwa 60 Kilometer weit entfernt im Glottertal, am Fuße des Berges Kandel«, erklärte Vater Lechner. »Das ist eben der Unterschied zwischen Film und Wirklichkeit.«

Sandra steuerte den Wagen auf einer schmalen Straße zum nahe gelegenen Schwarzwaldgasthof Tannenmühle 117. Lukas gab sich mit einer Portion Pommes frites zufrieden, damit er möglichst schnell die vielen Tiere beobachten konnte, während die Erwachsenen jeweils Forellenfilet in Mandelbutter aus der hauseigenen Fischzucht bestellten. Nach dem Essen parkten sie im Ort Schluchsee und wanderten den Schluchsee entlang bis zum Ort Aha und wieder zurück. Die Heimfahrt erfolgte mit einem Abstecher über Lenzkirch 118 wieder zurück nach Triberg.

In der Schwarzalb-Klinik richtete der neue Verwalter an die komplett versammelte Ärzteschaft einen flammenden Appell:

»Ich werde mich für Ihre Interessen verstärkt einsetzen. Meine Führungsrichtlinien orientieren sich nach dem Motto: Wir sind die Besten! Wir sind Spitzenkräfte im Handeln und in der Qualität. Wir wollen unser Können ständig mehren. Unser Ziel heißt gegenseitiges Vertrauen. Lassen Sie uns deshalb gemeinsam einen Bewusstseinswandel einleiten, zum Wohle unserer Patienten und zum großen Erfolg unserer Klinik. Der Tod meines Vorgängers sollte für alle eine Mahnung für die notwendige Verschwiegenheit in dieser Klinik sein.«

Nach dem Ausflug sprach Danilo mit seiner Inspektorin:

»Sandra, ich komme im Fall von Dr. Gunter Fullhammer einfach nicht weiter und doch werde ich das Gefühl nicht los, dass sich hinter der Schwarzalb-Klinik ein Geheimnis verbirgt. Aber wie können wir das Mysterium lüften?«

»Danilo, ich hätte eine Idee. Ich lasse mich einliefern und horche mich in der Klinik um.«

»Sandra, das kann ich nicht von dir verlangen, doch wenn es dem Erfolg dienlich ist, würde ich nicht nein sagen.«

Sandra schwindelte dem Gynäkologen eine Unterleibsblutung vor. Da er bei der Untersuchung nichts feststellen konnte, wollte er sie entlassen. Gekonnt täuschte sie einen Schwindelanfall vor und erreichte damit eine Einlieferung für eine Nacht zur Beobachtung. Ihre Fragen an die Krankenschwestern und Pfleger nach weiteren Ärzten in der gynäkologischen

Abteilung zielten ins Leere. Deshalb entschloss sie sich, nachts einen Entdeckungsrundgang zu unternehmen. Heimlich schlich sie sich aus dem Krankenzimmer. Das spärlich beleuchtete Kellergeschoss schien ihr unheimlich und als plötzlich die Beleuchtung ausfiel, hielt sie erschrocken inne. Ein Schlüssel drehte sich im Schloss, eine Tür öffnete sich und in der Dunkelheit hastete ein Mann in den Heizungskeller und startete dort ein Aggregat. Ab sofort brannte wieder Licht in dem Raum, den der Mann zuvor verlassen hatte und man hörte das Surren von Geräten. Der Stromausfall im Flur des Kellergeschosses war zu ihrem Glück nicht behoben. Der Flur blieb dunkel. Sie legte sich auf den Boden und beobachtete, wie der Mann im weißen Mantel wieder in den Raum zurückkehrte und die Türe schloss. Da sie kein Schließgeräusch hörte, stand sie auf und öffnete vorsichtig die Tür um ein paar Zentimeter. Durch den Schlitz erspähte sie einen am Tisch sitzenden großen, kräftigen Mann. Vermutlich der lang gesuchte Dr. Fullhammer. Er formte mit beiden Händen eine Art Fleischsack. Nebenan erkannte sie beleuchtete Brutkästen, wie sie in Kinderkliniken bei Frühgeburten zum Einsatz kamen. Ein Teil dieser Kästen, soweit sie es mit ihrem eingeschränkten Blick sehen konnte, schienen mit besonders kleinen Babys belegt zu sein. Der Mann stand auf und ging in einen für die Inspektorin nicht einsehbaren Teil des Raumes. Um einen besseren Überblick zu bekommen, öffnete Sandra die Tür etwas weiter. Plötzlich fasste sie jemand am Handgelenk und schleuderte sie in den Raum. Lang ausgestreckt lag sie auf dem Boden. Der Mann stülpte einen Stuhl über sie und setzte sich darauf. Bevor sie überlegen konnte, ob sie zwischen den Stuhlbeinen hervor robben sollte, begann der Mann zu sprechen:

»Was tun Sie hier? Können Sie nicht lesen? An der Tür steht ›Hochspannung! Lebensgefahr!‹«

»Ja wie denn in der Dunkelheit«, dachte die Inspektorin.

»Auch Sie befinden sich nun in höchster Lebensgefahr. Jeder, der das Geheimnis dieses Raumes nach draußen trägt, stirbt. Dies musste auch unser vorheriger Klinikverwalter Klingmann erfahren. Dieser Dummkopf! Unsere Konzernleitung ließ von Spezialisten eine Einrichtung installieren, wonach alle Telefongespräche und E-Mails bei ihrem Ausgang auf das Wort ›Fullhammer‹ überprüft wurden. Sobald dieses Wort auftauchte, schaltete sich automatisch ein Aufzeichnungsgerät ein. So erfuhren wir von dem Kontakt des Verwalters mit dem Redakteur der Bildzeitung. Am Morgen ging ich zu ihm ins Büro. Auf eine Frage von mir, suchte er in seinem Computer nach der Antwort. Diesen Augenblick nutzte ich und stieß ihm eine Giftspritze in den Rücken. Gerade noch konnte ich die leere Spritze in meiner Tasche verschwinden lassen, bevor seine hysterische Mitarbeiterin herein kam und anschließend Mordio schrie. Sie müssen nun auch sterben, doch zuvor erkläre ich Ihnen noch das Geheimnis dieses fensterlosen Raumes, den mir die Konzernleitung für meine Studien zur Verfügung stellte.«

Sandra Lechner wagte kaum zu atmen.

»Zellen aus einer Gebärmutter umspüle ich mit einer Nährlösung. Wenn sich die Zellen vermehrt haben, forme ich eine Art Fleischsack, wie sie vermutlich beobachten konnten. Dahinein verpflanze ich einen menschlichen Embryo. Viele Embryos beginnen heute ihr Leben bereits außerhalb des Mutterleibes und werden aus Ei und Samenzellen in Petrischalen gezüchtet. Frühchen mit weniger als 1000 Gramm können wir aufgrund unserer Technik am Leben halten. Wir Wissenschaftler müssen jetzt nur noch die Lücke zwischen dem gezüchteten Embryo und der Frühgeburt schließen. Dann erschließen sich für die Menschheit ungeahnte Möglichkeiten.«

Dr. Fullhammer stand auf, ging an die Tür, schloss diese in aller Ruhe ab und steckte den Schlüssel ein. Er ging zu einem Schrank, öffnete eine Schublade und entnahm ihr eine Spritze. Auch die Inspektorin schob den Stuhl weg und erhob sich. Ohne Pause sprach der Arzt weiter:

»Wenn meine Arbeit vollendet ist, müssen die Frauen keine Babys mehr austragen und ersparen sich die Schmerzen bei der Geburt oder beim Kaiserschnitt. Sie bestellen einfach die gewünschte Menge Kinder bei der Klinik. Sobald größere Zuchtanlagen entstanden sind, können die Politiker bestimmen, wie viele Kinder herangezüchtet werden müssen, um eine Überalterung der Bevölkerung zu vermeiden.«

Dr. Fullhammer präparierte die Spritze und ging mit einem irren Blick auf die Inspektorin zu. Gerade als er ihr die Giftspritze in den Oberarm stoßen wollte, setzte die Beamtin einen gezielten Handkantenschlag an, der die Halsschlagader des Arztes traf. Wie vom Blitz getroffen fiel der Mann zu Boden. Die gute Ausbildung an der Polizeischule hatte ihr das Leben gerettet. Sie nahm den Schlüssel an sich, sperrte die Tür von außen zu und hastete den dunklen Flur entlang. Vom Krankenzimmer aus rief sie über die Leitstelle eine Polizeistreife herbei. Zwei Polizisten begleiteten sie wenig später zum Kellerraum. Vorsichtig schloss die Inspektorin die Tür auf. Dr. Fullhammer lag am Boden. Tot! Er hatte sich mit der Giftspritze das Leben genommen. Da die Kriminalbeamtin noch Wichtiges vorhatte, delegierte sie die weiteren Maßnahmen an die beiden Polizisten. Um die hoch sensiblen ›Studienobjekte‹ müssten sich am nächsten Tag die Ärzte und ein Sonderkommando der Polizei kümmern. Anschließend fuhr sie zur Wohnung von Danilo. Es benötigte mehrere Stöße, bis Danilo endlich aufwachte.

»Sandra, was ist? Was ist passiert?«

Sie erzählte ihre Horrorerlebnisse, die sie soeben in der Klinik erlebt hatte und rief aufgeregt:

»Danilo, wir müssen sofort zum Autor fahren, bevor noch Schlimmeres passiert.«

»Jetzt, mitten in der Nacht?«

»Was sein muss, muss sein!«

Am Haus des Autors angekommen, sahen sie im Obergeschoss noch Licht brennen. Die Haustür war unverschlossen und die beiden stiegen hoch zum Arbeitszimmer des Schriftstellers. Der saß an seinem Computer und seine Finger bewegten fleißig die Tastatur. Kommissar Kötter sprach ihn an:

»Herr Obermaier, jetzt haben Sie mit der Babyzuchtanlage den Bogen aber gewaltig überspannt. Ich hätte gute Lust, Sie in eine geschlossene Anstalt einzuweisen.«

Der Autor verteidigte sich: »Herr Kommissar, ich mache Sie darauf aufmerksam, die Gedanken sind frei und unterliegen keiner Strafverordnung.«

»Aber auch Fantasien bedürfen Grenzen. Und hier«, Kötter deutete auf den Computer, »entsteht wohl die nächste Räubergeschichte?«

»Richtig, Herr Kommissar! Und Sie stehen wieder im Mittelpunkt der Kriminalgeschichte.«

»Herr Obermaier, Sandra und ich sind es leid, von Ihnen von einem Kriminalfall zum nächsten gehetzt zu werden. Ihre Pläne decken sich nicht mit den unsrigen.«

Nach einer heftigen Diskussion gab der Schriftsteller endlich nach. Er löschte die angefangene Geschichte und schaltete den Computer aus.

HAPPY END

Nach dem sich die Kriminalfälle in der Region Südschwarzwald auf das übliche Maß reduzierten, schloss die Polizeidirektion das Triberger Kommissariat. Danilo heiratete seine Inspektorin Sandra. Lothar und Sandras Vater amtierten dabei als Trauzeugen. Als das Brautpaar aus der Triberger Wallfahrtskirche kam, stand zu Sandras Überraschung eine Hochzeitskutsche bereit. Der Umzug ins Haus der verstorbenen Mutter Kötter nach Potsdam verlief reibungslos. Am 1. Oktober trat Danilo die Nachfolge von Hauptkommissar Krüger bei der Kripo Potsdam an. Bei der Beförderungsfeier zum Oberkommissar tranken die Anwesenden überwiegend Mineralwasser, da die Polizisten ihrem neuen Chef nacheifern und ihren Alkoholverbrauch drastisch einschränken wollten. Lukas fand sofort neue Freunde in der Schule. Nur die Eltern von Sandra bedauerten, dass jetzt ihre Tochter und der Enkelsohn soweit entfernt wohnten. Doch Sandra und Danilo versprachen, mehrmals im Jahr ihren Urlaub im Schwarzwald zu verbringen, wobei sie dann mit der Schwarzwald-Gästekarte 119 verstärkt Ziele im Nordschwarzwald 120 entdecken wollten. Nach zwei Jahren bekam Lukas ein Schwesterchen. Beruhigend für den Leser sei erwähnt, dass das Kind auf konventionelle Art gezeugt, ausgetragen und geboren wurde.

FREIZEITTIPPS:

107 E-Bike-Touren. Bei vielen Touristenbüros gibt es Tourenvorschläge, E-Bike-Verleih, Ladestationen und Einkehrmöglichkeiten. Hier eine ›Ochsentour‹ mit einer Länge von 112 Kilometern und großen Höhenunterschieden: Bahnhof Triberg – Wasserfälle – Nußbach – Langenschiltach – Windkapf – Fohrenbühl – Hornberg – Oberprechtal – Rohrhardsberg – Martinskapelle – Schonach – Triberg.

108 Schlittenhunderennen. Über 1000 Hunde kämpfen Ende Januar und Anfang Februar in Todtmoos und Bernau um den Sieg.

109 Todtnau. Todtnauer Wasserfälle, Mountain Bike Fun Park, ca. 3 Kilometer lange Coaster-Rodelbahn, Skizirkus, Glasbläserhof in Aftersteg.

110 Todtmoos. Wallfahrtskirche ›Maria Himmelfahrt‹, Museum ›Heimethus‹, Schaubergwerk ›Hoffnungsstollen‹. Eisklettern. Ibacher Moor.

111 Bernau. Hans-Thoma-Museum, Holzschnefler- und Bauernmuseum im Resenhof.

112 St. Blasien. Dom, die größte Kuppelkirche nördlich der Alpen, Klostermuseum, Wasserfälle in St. Blasien und Menzenschwand, malerisches Schwarzwalddorf Menzenschwand mit Radon Revital Bad.

113 Höchenschwand. Natursportzentrum, Aussichts- und Kletterturm mit Klettervarianten von 9–40 Metern, Hochseilgarten, Bogenschießanlage. Naturfreibad.

114 Schluchsee. 35 Meter hohe und 270 Meter lange Talsperre. Schöne Wanderwege entlang des Sees. Strandbad im Ortsteil Aha mit Surf- und Segelschule.

115 Bonndorf. Ausgangspunkt zur Wutachschlucht. Schloss. Japanischer Garten. Narrenstuben.

116 Heimatmuseum Hüsli. Volkstümliches Heimatmuseum. Wohnhaus von Professor Brinkmann in der TV-Serie ›Die Schwarzwaldklinik‹.

117 Schwarzwaldgasthof Tannenmühle bei Grafenhausen. Museumsmühle, Tiergehege, exotische Vögel, Fischzucht, Wasserspielplatz für Kinder.

118 Lenzkirch mit Saig. Kurpark. Aussichtsturm auf dem Hochfirst. 1,8 Kilometer lange beleuchtete Rodelbahn hinunter zum Titisee.

119 Schwarzwald-Gästekarte. Ermäßigungen für viele Freizeiteinrichtungen in über 180 Ferienorten. In Verbindung mit der Konus-Gästekarte ist die kostenlose Nutzung des öffentlichen Personennahverkehrs für den gesamten Schwarzwald für die Urlauber inbegriffen.

120 Nordschwarzwald. Bisher nicht genannte Orte und Sehenswürdigkeiten: Bad Herrenalb, Bad Liebenzell, Bad Peterstal-Griesbach, Bad Rippoldsau-Schapbach, Bad Teinach-Zavelstein, Bad Wildbad, Baiersbronn, Calw mit Kloster Hirsau, Forbach, Gernsbach, Horb am Neckar, Karlsruhe, Kloster Maulbronn, Nagold, Oberkirch, Offenburg mit dem Weinort Durbach, Sulz am Neckar.

Mehr Informationen und Tipps gibt es bei der Schwarzwald-Tourismus GmbH, Habsburgerstr. 132, 79104 Freiburg. E-Mail: mail@schwarzwald-tourismus.info oder bei den jeweiligen Touristinformationen der Städte und Gemeinden des Schwarzwaldes.

DANKE

Als Erstes muss und will ich mich bei Dieter Stein bedanken. Er hat mich bewogen, das Kommissariat von Danilo Kötter in Triberg anzusiedeln. Wusste ich doch, mit Dieter Stein stand mir ein kompetenter Mann vor Ort zur Verfügung. Seit langem schätze ich den Schriftstellerkollegen mit seinem hintergründigen Humor, der auch mit seinen Jugenderinnerungen, die er in einer vierbändigen ›Triologie‹ veröffentlichte, den regionalen Lesern bekannt sein dürfte. Er begleitete mich über den gesamten Zeitraum mit Anregungen und Hinweisen, die in die Kriminalgeschichten und Freizeittipps einflossen.

Danken möchte ich auch Elke und Marcus Weis aus Triberg-Gremmelsbach sowie Marianne Kieninger von der Touristinformation St. Georgen, die mich mit sehr umfangreichem Prospektmaterial versorgten und darüber hinaus auch kleinere Korrekturen anbrachten.

Dank gebührt auch unseren Freunden Ingrid Rendler und Günter Wiechula aus St. Georgen. Zu ihren Geburtstagsfeiern luden sie meine Frau und mich über Jahre hinweg zu immer neuen Schwarzwaldzielen ein, die nun zum Teil wenigstens als Insidertipps in diesem Buch genannt sind.

Natürlich danke ich besonders meiner verständnisvollen Frau Friedl, die als Schwarzwälderin darauf achtete, dass ich ihren Landsleuten, wie es so schön im Dialekt heißt, »nicht an den Kittel fahre«. Sie musste wohl oder übel monatelang akzeptieren, dass meine Gedanken meist um das Buch und nicht um sie kreisten.

Nicht zuletzt sage ich ein herzliches Dankeschön an meine Lektorin Claudia Senghaas aus dem Gmeiner-Verlag. Sie fand meine Kriminalgeschichten als veröffentlichungswürdig. Vor allem bei meinem ersten Buch »Wer mordet schon am Bodensee?« bedurfte es ihrer Geduld und ihrem Können, um es gut zu lektorieren.